LES FIORETTI

MIRACLES ET HISTOIRES MERVEILLEUSES

SAINT FRANÇOIS D'ASSISE

Traduction par
ARNOLD GOFFIN

TABLE DES MATIÈRES

Introduction	1
Chapitre 1	13
Chapitre 2	15
Chapitre 3	20
Chapitre 4	24
Chapitre 5	30
Chapitre 6	34
Chapitre 7	38
Chapitre 8	41
Chapitre 9	45
Chapitre 10	48
Chapitre 11	50
Chapitre 12	53
Chapitre 13	56
Chapitre 14	61
Chapitre 15	63
Chapitre 16	66
Chapitre 17	71
Chapitre 18	73
Chapitre 19	78
Chapitre 20	82
Chapitre 21	85
Chapitre 22	90
Chapitre 23	92

Chapitre 24	94
Chapitre 25	98
Chapitre 26	102
Chapitre 27	112
Chapitre 28	115
Chapitre 29	117
Chapitre 30	122
Chapitre 31	125
Chapitre 32	127
Chapitre 33	130
Chapitre 34	132
Chapitre 35	135
Chapitre 36	137
Chapitre 37	139
Chapitre 38	142
Chapitre 39	145
Chapitre 40	147
Chapitre 41	151
Chapitre 42	155
Chapitre 43	158
Chapitre 44	161
Chapitre 45	163
Chapitre 46	169
Chapitre 47	171
Chapitre 48	174
Chapitre 49	179
Chapitre 50	185
Chapitre 51	187
Chapitre 52	190
Chapitre 53	192

INTRODUCTION

La science de notre temps se montre parfois rigoureuse pour les chroniqueurs et les hagiographes du moyen âge. Elle les accuse d'avoir été dénués de critique et ignorants des bonnes méthodes. Et ces reproches sont fondés : C'étaient des créatures simples » d'une crédulité considérable, enclines à accueillir volontiers les récits les plus incertains pourvu qu'ils fussent merveilleux et ornés de fleurs éblouissantes de dévotion. Aujourd'hui, nous faisons ou, tout au moins, nous tâchons de faire besogne d'historiens ; eux, ils visaient uniquement à exalter leur héros ou leur saint, à remplir leur confiant public d'admiration par des histoires à la réalité desquelles, peut-être bien, le narrateur et les auditeurs ne croyaient, en dernière analyse, qu'à moitié. Mais il restait toujours assez de généreux coups d'épée et de monstres vaincus, assez de beaux traits innocents, de gestes de suavité et d'amour et de resplendissantes apparitions angéliques pour ravir les imaginations et les cœurs. Et, ce résultat atteint, toute l'ambition de ces doux enlumineurs d'histoires était satisfaite.

Rien de plus naturel, d'ailleurs, que le phénomène d'évolution légendaire qui constitue les étapes successives d'un récit hagiographique et nous conduit de la relation contemporaine, brève et rudimentaire, jusqu'à la délicieuse page dorée où la vérité apparait encore, mais transfigurée par l'enthousiasme qu'elle a suscité, comme une statue vénérée par les ex-voto précieux dont la piété et la gratitude l'ont couverte. L'imagination ajoute toujours à l'imagination, l'amour à l'amour. Après qu'il a disparu du monde, et dans la mesure de la renommée qu'il y avait acquise, le saint continue à solliciter l'une, à s'imposer à l'autre. Sa carrière évangélique n'est pas finie : elle se poursuit dans les âmes ; il ne cesse point de s'y créer dans la gloire, comme auparavant, il s'y créait dans l'action. Son auréole grandit dans le recul des années : sa figure présente et familière s'est effacée dans les ombres de l'éloignement et, bientôt, on n'aperçoit plus de lui que son rayonnement. C'était un homme qui passait parmi les hommes, leur parlant, vivant et souffrant au milieu d'eux ; on l'aimait, on l'écoutait, on le suivait – maintenant on l'invoque. Les belles anecdotes édifiantes de ses prédications, de ses exemples, de ses paroles excellentes, de : la puissance de sa prière, ont enchanté la pensée de générations de moines et de fidèles ; et la dévotion reconnaissante, les exaltations de la foi et cette tendance de noire esprit à magnifier les actes les plus ordinaires des grands et des illustres font que, à la fin, chaque mot du héros sanctifié porte des fruits de prophétie, chacune de ses démarches s'épanouit en végétations miraculeuses.

Le saint a passé de la terre sur les autels, et il semble à la longue, que son existence entière, dans tous ses détails, soit montée au ciel avec lui, pour en prendre la couleur. De sorte que, à la façon de ces maîtres de l'œuvre qui, obéissant au goût changé, faisaient courir l'efflorescence touffue et le symbolisme végétal du gothique sur la sévérité de l'appareil primaire de nos cathédrales, les annalistes franciscains, enregistrant la tradition au moment où ils écrivaient, ont ajouté peu à peu à la beauté robuste et nue des textes originaux, se sont complus à les rubriquer de flamboyantes initiales, à y intercaler les plus éclatantes de leurs dévotes miniatures.

Les documents et les témoignages primitifs abondent sur saint François d'Assise. On souhaiterait même, quelquefois, qu'il y en eût moins et dont le classement et la sûre utilisation suscitassent moins de difficultés et de controverses. Quoi qu'il en soit, la personnalité du *poverello*, du petit pauvre, grande, lumineuse, candide, toute la succession de sa vie émaillée de mille traits admirables ou délicieux, se présentent à nous dans une complète clarté. Si vous voulez entrer dans la familiarité de François, il vous suffira d'écouter – pour ne citer que les principales sources contemporaines – les récits émanant des premiers disciples du saint, frère Léon, dans le *Miroir de perfection des frères mineurs (Spéculum perfectionis)*, qu'il écrivait en 1227 ; frère Léon encore, collaborant avec frère Ange et frère Rufin, dans la *légende* dite des *Trois compagnons*, datée de 1246 ; ceux, enfin, recueillis par Thomas de Celano, dans sa légende dont les diverses parties furent rédigées, à intervalles, de 1228 à 1247 et plus tard[1].

Ces écrits, tout imprégnés de vie, nous offrent,

dans leur inconscient pittoresque, les images les plus ressemblantes de saint François, les plus significatives de son originale individualité, de son génie très doux et très volontaire. Dans un relief plus ingénu chez les trois compagnons ; avec un soupçon de rhétorique et, aussi, quelques réticences calculées chez Thomas de Celano, historiographe en quelque sorte officiel de l'Ordre et, comme tel, astreint, sous l'influence des supérieurs, à de politiques mitigations. Cependant, tout atténué qu'il paraisse à la comparaison de celui de frère Léon, le saint François de Thomas était encore trop caractérisé, sans doute, puisqu'il fut enveloppé dans la prohibition prononcée en 1266, contre toutes les légendes initiales. Saint Bonaventure, élu général en remplacement de Jean de Parme, partisan de la stricte observance, avait achevé à cette date la légende élaborée par lui, en conséquence d'une délibération du Chapitre général de 1260. Légende de conciliation dont l'auteur s'était proposé d'imposer à la commune vénération des deux partis, les zélés et les relâchés, qui divisaient l'Ordre, une figure du fondateur, véritable, évidemment, mais tout à la fois émoussée dans la réalité de ses sentiments et de ses actes et exaltée dans le surnaturel.

Le dessein de Bonaventure était de rallier les frères ennemis en leur tirant des mains tout ce qui était de nature à alimenter les dissensions, mais celles-ci étaient trop anciennes et trop profondes, elles avaient été marquées par trop de violences à l'égard des féaux de la règle intégrale, pour que la diplomatie savante du ministre général n'échouât point à y mettre fin.

La discorde, née des tendances de certains à entraîner l'Ordre hors de la simplicité de ses voies premières, avait commencé, à l'instigation ou avec la complicité plus ou moins déguisée de frère Elie, vicaire général de saint François, du vivant même de celui-ci. Elle s'aggrava, ensuite, surtout durant le généralat de frère Elie (1232-1239), qui chercha par tous les moyens à briser l'opposition irréductible dirigée par les premiers compagnons.

C'est la tradition reçue de ces derniers par les religieux réfugiés avec eux dans les retraites et les solitudes de l'Ombrie et des Marches et qu'ils transmirent, à leur tour, à leurs successeurs : l'amour enivré de la pauvreté et de l'humilité enseigné et chanté par le Père séraphique qui, au début du XIVe siècle, se manifeste dans les *Fioretti* et en parfume les pages.

Les trente-huit premiers chapitres en sont consacrés à l'ère originelle de l'Ordre, alors qu'il n'y avait point d'Ordre presque, ni de couvents, mais, selon le terme usité par les annalistes, des *luoghi*, des lieux de réunion, de petits logis pauvres et chétifs, relais misérables sur la route de l'apostolat où, après les travaux, on se retrouvait de « famille ». Nous y revivons les jours heureux de saint François et de sainte Claire, avec Bernard, Egide, Sylvestre, Massée, Rufin, Léon.

Nous y rencontrons, en outre, frère Elie (ch. 4, 6, 38), orgueilleux, colère, contredisant à la Règle, moqué par l'ange de Dieu, silencieusement réprouvé par saint François. Dans les chapitres suivant », deux anecdotes relatives à saint Antoine de Padoue mises à part, nous laissons l'Ombrie pour la Marche d'Ancône ; les années divines du début pour celles de la seconde moitié du siècle, troublées, endolories pour les habitants de cette province minorité, éperdûment attachés au zélantisme.

L'auteur des *Fioretti* appartenait à ce milieu : il y a reçu la formation monastique ; il y a connu et fréquenté, il nous le dit (ch. 48,48,52j 55,53), Jean de la Penna, si impatient de venir au terme de son voyage terrestre ; Jacques de la Massa, dont les vertus furent louées par frère Junipère et frère Egide, auquel frère Massée raconta le sermon aux oiseaux (ch. 16) et qui fut visité de la belle vision sur les tribulations de l'Ordre relatée au chapitre 48 ; enfin le mystique Jean de la Vernia... Et, probablement, d'autres encore, Jacques de Fallerone et ce Conrad d'Offida qui, de même que Jacques de la Massa, recueillit de la bouche de frère Léon nombre d'épisodes de la vie de saint François. Il se nomme lui-même au chapitre 45 : frère Hugolin. « Malheureusement, écrit M. Paul Sabatier, dans l'introduction de sa belle édition des *Actus beaii Francisci et sociorum ejus* (l'original latin des *Fioretti*[2]), nous ne savons à peu près rien de lui. En dehors des maigres indications fournies par son œuvre, nous n'avons qu'un renseignement, mais il est d'une extrême importance : c'est que le 12 décembre 1295, Boniface VIII cassa l'élection de frère Hugolin Brunforte, ami de Célestin V, qui devait aller occuper le siège épiscopal de Teramo (Abruzzes). « On pourrait conclure de là que le rédacteur des *Actus-Fioretti*, compilateur de la tradition orale et écrite pour une partie de son ouvrage, témoin oculaire pour l'autre, était issu de la famille des seigneurs de Brunforte, bienfaiteurs des franciscains de la Marche d'Ancône, cités au chapitre 46, et qui résidaient à Sarnano, non loin du couvent de Monte Giorgio où vivait Hugolin. On aimerait à supposer, au surplus, que celui-ci, avec le respect d'un sincère observant pour les volontés du fondateur, n'aurait pas accepté, même avec l'assentiment du Pape, une dignité dont saint François avait formellement interdit l'accès à ses frères.

L'éminent historien franciscain définit justement l'impression de réalité décroissante, si l'on peut dire, que l'on éprouve au fur et à mesure de la lecture des *Fioretti*. C'était, d'abord, la vie même, expressive et savoureuse, le grand charme simple des paroles et des actes ; mais, lorsque l'on en arrive aux frères de la Marche, les traits précis disparaissent, les physionomies cessent de se particulariser pour s'envelopper d'on ne sait quel rayonnement uniforme. Ce ne sont plus des êtres caractérisés, espiègles, puérils et tendres, comme frère Léon ; doucement narquois ou opiniâtres et hautains, comme Massée ou Elie ; ils se meuvent dans une atmosphère d'extase et les rayons du Paradis dont ils sont, d'avance, nimbés, anéantissent leur individualité terrestre, leur confèrent une apparence monotone de béatitude... Certes, on peut concevoir que frère Hugolin, écrivant tantôt sous la dictée d'une tradition fixée ; tantôt au gré de ses propres observations, nous ait conté avec plus de netteté des événements antérieurs à sa naissance que ceux dont il avait hanté les acteurs. Cependant ne serait-il pas possible, aussi, que les teintes si tranchées dont sont revêtues les deux parties des *Fioretti* répondissent exactement à la réalité et, dans leur contraste, nous fissent apparaître sous leur jour relatif, d'un côté, l'existence toute d'action, d'initiative, de conquête spirituelle de saint François et de ses premiers adeptes ; de l'autre, celle, tout enclose, confinée en elle-même par la persécution et se réfugiant au sein de la méditation, de la prière et des ravissements, des ermites de la Marche ?...

A l'exception d'un seul (ch. 37), les cinquante-trois chapitres des *Fioretti* rencontrent la correspondance d'un texte latin dans l'un ou l'autre manuscrit des *Actus*. Par contre, vingt-deux chapitres des *Actus* n'ont point été transférés dans les *Fioretti* : les *Considérations sur les stigmates* contiennent la substance de certains d'entre eux, amalgamée avec des récits provenus de sources différentes. D'autres ont eux-mêmes l'aspect d'un état plus tardif de la version de faits rapportés par le *Spéculum perfectionis* ou les *Trois compagnons*. On dirait l'écho répercuté et amplifié des souvenirs anciens au sujet des pérégrinations en terre étrangère des frères envoyés « deux à deux « par François, pour « convertir le monde à pénitence « ... Les dissentiments qui bouleversaient l'Ordre ont, également, imprimé leurs traces en ces pages et, de même, la jalousie qui, à cette époque, désunit les franciscains et les dominicains. Frère Egide, les frères de la Marche paraissent là encore, parfois saint François lui-même, en des traits que la transmission séculaire ni l'art ne semblent avoir retouchés pour les affaiblir en les embellissant : « Dépouille l'autel de la Vierge et enlèves-en les ornements, lorsque tu ne pourras d'une autre façon venir en aide aux indigents, dit-il, par exemple, à un novice. Crois bien que la Mère de Dieu préfère que l'on observe l'Evangile du Fils et qu'on dépouille son autel, plutôt que de voir son autel décoré et son Fils méprisé... »

La comparaison de la relation des mêmes circonstances dans les légendaires primitifs, dans les *Fioretti* et, bien davantage, dans les compilations postérieures telles que la *Franceschina* (XVe siècle), permet de suivre le lent et spontané travail au terme duquel toute l'existence d'un saint, dont la mémoire est restée vivace dans la foule, a passé de la réalité dans le miracle. Mais qu'est-ce souvent que la légende, qu'une sorte d'effervescence de la réalité ? C'est le cas pour les *Fioretti*, élaborés à un moment intermédiaire de l'évolution de la légende du petit pauvre. Avec leur grâce inimitable, la naïveté délicate de leurs nuances, le charme de fraîcheur et d'impromptu des tableaux qu'ils évoquent, ils forment vraiment, dans leur ensemble, une représentation véridique des origines franciscaines. Il possédait l'habileté inconsciente du poète, le moine qui a assemblé cette gerbe exquise : Il l'a arrangée un peu pour le plaisir des yeux, avec un art qui se dissimule ou qui s'ignore, un goût natif très fin qui orne, souvent, la nudité des faits et, aussi, il faut l'avouer, en amoindrît la vigueur expressive. Au fond, ce livre adorable symbolise surtout l'idéal d'imperfectible douceur et d'humilité de saint François, en laissant trop dans l'ombre l'héroïsme de sa vocation, les qualités mâles de cette âme intrépide. Il nous y est montré plus passif qu'actif, prêt à tout supporter plutôt qu'à tout entreprendre pour faire prévaloir sa pensée.

Saint François, dont la mémoire avait retenu quelque chose de la noble fantaisie fabuleuse des romans de chevalerie, disait joliment de ses premiers compagnons : « Ce sont les paladins de ma Table ronde... » Les *Fioretti* sont la chanson de geste de ces chevaliers.

La critique hagiographique ne leur accorde, en général, qu'une médiocre importance et certains des historiens franciscains les ont traités avec un profond dédain. Evidemment, il ne faut pas chercher dans ces pages l'authenticité littérale des faits. L'inexactitude est dans le détail, la vérité dans l'ensemble. L'extase, le ravissement y sont coutumiers ; le miracle, naturel et normal. Les héros de ces histoires charmantes sont non point des hommes, mais des âmes, ailées, légères, impondérables, à moitié affranchies des lois de la terre qu'elles ont cessé de regarder pour se tourner vers l'au-delà où, déjà, elles vivent presque et respirent.

Le narrateur écrivait sous la dictée d'un siècle, alors que mainte circonstance des événements admirables qu'il retraçait avait achevé de prendre son efflorescence dans le surnaturel. Toutes ces choses, tous ces portraits sont vrais, mais le temps et la distance les ont nimbés de clartés célestes, comme les figures placées hors du monde, dans l'or, des peintres primitifs. Et la nostalgie du souvenir agissait, le grandisse ment du regret, le contraste triste du présent... Car, l'heure était troublante pour les *zelanti* dans les premières années du XIVe siècle : Ils avaient subi l'ostracisme et la contrainte ; quelques visionnaires ayant incliné vers les rêveries de Joachim de Flore, prêché l'Evangile éternel, annoncé, comme Angelo Clareno, le triomphe des élus et des spirituels, à l'issue de la septième tribulation, il en avait rejailli sur tous les autres une suspicion d'hérésie.

Les efforts tentés pour réconcilier les deux fractions de l'Ordre par une sorte de *mess o termine* étaient restés inefficaces et les avaient mécontentées l'une et l'autre. Pour légitimer la Règle mitigée, il fallut, pour ainsi dire, mitiger saint François lui-même, émousser l'impressionnant relief de ses actes, adoucir la péremptoire intimation de sa parole. Les derniers témoins de l'épopée de l'humilité avaient, un à un, disparu et même ceux qui avaient pu les connaître. Les écrits contemporains de François avaient été confisqués et détruits, ou conservés et cachés par quelque vieux religieux *spirituel*, ils n'étaient plus lus qu'en secret, en contravention avec les décrets capitulaires.

Ainsi dut se former, dans l'atmosphère inquiète et fiévreuse de ces années, parmi les moines relégués dans les ermitages des Marches, la tradition dont les *Fioretti* sont devenus comme l'épanouissement.

A la sortie de la petite chapelle où l'office les avait réunis, dans la gravité du crépuscule dont la tiédeur pure planait, suspendue, sur les montagnes et les bois ardents encore du soleil disparu, avant de regagner leur cellule, les frères s'arrêtaient un instant pour converser ensemble. Et tout leur entretien était, sans doute, en commémoration des beaux gestes de prière et d'humilité du Père séraphique et de ses premiers disciples. Un frère disait, une fois de plus, saint François et sainte Claire, Bernard et Massée et Rufin... Les ombres chaudes et solennelles du soir s'allongeaient et, dans le silence de la solitude et l'enivrement de l'adoration, toutes les âmes en effusion de la petite communauté étaient déjà à moitié chemin du Paradis...

Sous leurs yeux, les sommets immobiles et l'étendue harmonieuse, et la voute admirable du ciel sont comme un cantique. Ils voient l'encens monter dans les vapeurs des bois et les anges vêtus d'ailes et de flammes, allumer, une à une, les étoiles... Les récits se succèdent, cependant, dans la bouche du conteur, et sa voix prend plus d'onction, ses yeux se voilent de larmes ; il ne sait plus s'il parle ou si quelqu'un parle par sa voix ; s'il se souvient, seulement, ou s'il est inspiré : Chacun des épisodes que sa parole suscite lui apparaît comme une fleur surgie dans sa main, une fleur frémissante et colorée et à côté de laquelle, sur la même tige, jaillit, soudain, la fleur embrasée et candide du miracle...

---

1. On nommait légende, au Moyen âge, le récit complet de la vie et des miracles d'un saint.
2. Paris, Fischbacher, 1902. Nous nous permettons de renvoyer, pour la bibliographie en général, de même que pour des détails plus abondants sur saint François, sainte Claire, les premiers compagnons, les écrits franciscains, etc., à l'introduction de notre traduction de la *Légende des trois compagnons* (Bruxelles, Lamertin, 190a) et *à* ta *Vie et légende de Madame sainte Claire,* publiée en 1906, chez l'éditeur du présent volume.

1

Au nom de Notre-Seigneur Jésus-Christ crucifié et de sa Mère, la Vierge Marie. On a rassemblé dans ce livre certaines petites fleurs, miracles et pieux exemples du glorieux petit pauvre de Jésus-Christ, messer saint François, et de quelques-uns de ses compagnons, à la louange de Jésus-Christ. Ainsi soit-il !

D'abord, il est à considérer que le glorieux messire saint François, en tous les actes de sa vie fut conforme au Christ : car, comme le Christ au début de sa prédication appela douze disciples à mépriser toute chose mondaine et à le suivre en pauvreté et dans les autres vertus ; ainsi saint François choisit au début de la fondation de l'Ordre ses douze compagnons qui firent profession de la très haute pauvreté. Et comme un des douze apôtres du Christ, réprouvé de Dieu, finalement se pendit par la gorge ; ainsi un des douze compagnons de saint François qui eut nom frère Jean de la Chapelle, apostasiant, finalement se pendit de même par la gorge. Et ceci est pour les élus grand exemple et motif d'humilité et de crainte, considérant que nul n'est certain de persévérer jusqu'à la fin dans la grâce de Dieu.

Et comme ces saints apôtres furent pour tout le monde, merveilleux de sainteté et pleins de l'Esprit-Saint, ainsi ces très saints compagnons de saint François furent des hommes de si grande sainteté, que depuis le temps des apôtres, le monde n'eut pas d'hommes aussi admirables et aussi saints : car l'un d'eux fut ravi jusqu'au troisième ciel, comme saint Paul, et celui-ci fut frère Gilles ; un autre des leurs, à savoir frère Philippe le Long, fut touché aux lèvres par l'ange avec un charbon ardent, comme le fut Isaïe le prophète ; un autre des leurs, à savoir frère Sylvestre, parlait avec Dieu comme le fait un ami avec son ami, à la manière de Moïse ; un autre volait, par la subtilité de son intelligence, jusqu'à la lumière de la divine Sagesse, comme l'aigle, l'évangéliste Jean, et celui-ci fut le très humble frère Bernard, qui expliquait avec une très grande profondeur la Sainte Ecriture ; un autre des leurs fut sanctifié par Dieu et canonisé dans le ciel, alors qu'il vivait encore sur la terre, et celui-ci fut frère Rufin, gentilhomme d'Assise. Et ainsi tous furent privilégiés de signes particuliers de sainteté, comme il se verra par la suite.

2

De frère Bernard de Quintavalle, premier compagnon de saint François.

Le premier compagnon de saint François fut frère Bernard d'Assise, qui se convertit de cette façon. Saint François étant encore en habit séculier, bien qu'il eut déjà dédaigné le monde, allant tout méprisable et mortifié par la pénitence, de sorte que, beaucoup le tenaient pour un insensé ; comme un fou, il était bafoué et chassé avec des pierres et de la boue par ses parents et les étrangers, mais en chaque injure et moquerie, lui, s'en allait avec patience comme un sourd et muet : messire Bernard d'Assise, qui était l'un des plus nobles, riches et sages de la ville, commença à considérer avec sagesse en saint François le mépris si excessif du monde, la grande patience dans les injures, et que depuis deux ans, ainsi abominé et méprisé de tous, il paraissait toujours plus constant et patient ; il commença à penser et à se dire en lui-même : « En aucune façon il ne se peut que ce François n'ait une grande grâce de Dieu ». Et il l'invita le soir à souper et à dormir et saint François accepta et soupa le soir et logea chez lui.

Alors messire Bernard se proposa de considérer attentivement sa sainteté. Aussi il lui fit préparer un lit dans sa propre chambre, dans laquelle une lampe brûlait toujours durant la nuit. Et saint François, pour cacher sa sainteté, aussitôt qu'il fut entré dans la chambre, se jeta sur le lit et fit semblant de dormir. Et messire Bernard, de même, après quelque temps, se coucha et commença à ronfler avec force comme s'il dormait très profondément.

Alors saint François, croyant vraiment que messire Bernard dormait, se leva du lit sur le premier sommeil et se mit en oraison, levant les yeux et les mains au ciel ; et avec une très grande dévotion et ferveur, il disait : « Mon Dieu ! Mon Dieu ! » Et ainsi parlant et pleurant abondamment, il demeura jusqu'à Matines, répétant toujours : « Mon Dieu ! Mon Dieu ! », et rien d'autre.

Et cela, saint François le disait, contemplant et admirant l'excellence de la divine Majesté, qui daignait condescendre aux torts du monde qui périssait et par son serviteur François le petit pauvre, se disposait à pourvoir au remède du salut de son âme et de celle des autres. Et pour cela, illuminé de l'esprit de prophétie, prévoyant les grandes choses que Dieu devait faire par lui et par son Ordre, et considérant son insuffisance et son peu de vertu, il appelait et priait Dieu que, par sa pitié et sa Toute-Puissance, sans laquelle ne peut rien l'humaine fragilité, il suppléât, aidât et accomplît ce qu'il ne pouvait par lui-même. Messire Bernard, voyant à la lumière de la lampe, les actes très pieux de saint François et considérant avec attention les paroles qu'il disait, fut touché dans son cœur par l'Esprit-Saint et inspiré à changer sa vie.

C'est pourquoi, dès le matin, il appela saint François et lui parla ainsi : « Frère François, j'ai bien décidé dans mon cœur d'abandonner le monde et de te suivre en ce que tu me commanderas ». Entendant cela, saint François se réjouit en esprit et parla ainsi : « Messire Bernard, ce que vous dites est une œuvre si grande et difficile, qu'il nous faut demander conseil à notre Seigneur Jésus-Christ et le prier qu'il lui plaise de nous montrer sur cela sa volonté et de nous enseigner comment nous pouvons la mettre à exécution. Pour cela, allons ensemble à l'évêché, où il y a un bon prêtre, et nous ferons dire la messe ; puis nous resterons en oraison jusqu'à Tierce, priant Dieu qu'au moyen de trois ouvertures du missel, il nous montre la voie qu'il lui plaît que nous choisissions ». Messire Bernard répondit que cela lui plaisait beaucoup. Ils se mirent alors en route et allèrent à l'évêché ; après qu'ils eurent entendu la messe et qu'ils furent restés en oraison jusqu'à Tierce, le prêtre, à la prière de saint François, prit le missel et, ayant fait le signe de la croix, l'ouvrit trois fois au nom de notre Seigneur Jésus-Christ.

A la première ouverture ce fut cette parole que dit le Christ dans l'Evangile au jeune homme qui l'interrogea sur la voie de la perfection : « Si tu veux être parfait, va et vends ce que tu as et donne-le aux pauvres, et viens et suis-moi ». A la seconde ouverture ce fut cette parole que le Christ dit aux apôtres, quand il les envoya prêcher : « N'emportez rien pour la route, ni bâton, ni sac, ni chaussures, ni argent », voulant leur enseigner par là, de mettre toute leur espérance en Dieu pour avoir de quoi vivre et n'avoir d'autre volonté que de prêcher l'Evangile. A la troisième ouverture du missel ce fut cette parole que le Christ dit : « Qui veut venir après moi, qu'il renonce à soi-même et prenne sa croix et me suive ». Alors saint François dit à messire Bernard : « Voici le conseil que le Christ nous donne. Va, donc, et fais complètement ce que tu as entendu. Et que béni soit notre Seigneur Jésus-Christ qui a daigné nous montrer sa voie évangélique ». A ces mots, messire Bernard s'en alla, et vendit ce qu'il avait, car il était très riche ; et avec grande allégresse il distribua le tout aux pauvres, aux veuves, aux orphelins, aux pèlerins, et aux monastères et aux hôpitaux ; et saint François l'aidait en tout cela fidèlement et avec sollicitude.

Or un homme qui avait nom messire Sylvestre, voyant que saint François donnait et faisait donner tant d'argent aux pauvres, resserré par l'avarice, dit à saint François : « Tu ne m'as pas entièrement payé de ces pierres que tu m'as achetées pour réparer les églises ; aussi, maintenant que tu as de l'argent, paie-moi ». Alors saint François, s'étonnant de son avarice et ne voulant point contester avec lui, en véritable observateur de l'Evangile, mit les mains dans le giron de messire Bernard ; et, pleines d'argent, les mit dans le giron de messire Sylvestre, disant que s'il en voulait davantage, il en donnerait davantage. Content de cela, messire Sylvestre les quitta et retourna chez lui.

Et le soir, repensant à ce qu'il avait fait le jour, il se reprocha son avarice, et considérant la ferveur de messire Bernard et la sainteté de saint François, la nuit suivante et les deux autres, il eut de Dieu une certaine vision : de la bouche de saint François sortait une croix d'or dont le sommet touchait le ciel et dont les bras s'étendaient de l'orient jusqu'à l'occident. A cette vision, il donna pour Dieu ce qu'il avait et se fit frère mineur. Et il eut dans l'Ordre tant de sainteté et de grâce, qu'il parlait avec Dieu comme le fait un ami avec son ami, ainsi que le constata plusieurs fois saint François et qu'il sera expliqué plus loin.

De même, messire Bernard eut de Dieu tant de grâce, que souventefois, il était ravi dans la contemplation de Dieu. Et saint François disait de lui, qu'il était digne de tout respect et qu'il avait fondé cet Ordre ; car il était le premier qui avait abandonné le monde, ne se réservant rien, mais en donnant tout aux pauvres du Christ, il avait inauguré la pauvreté évangélique, s'offrant nu aux bras du Crucifié.

Lequel soit béni de nous dans les siècles des siècles. Amen.

3

Comment, pour une mauvaise pensée que saint François eut contre frère Bernard, il commanda audit frère de lui marcher trois fois sur la gorge et sur la bouche.

Le très dévot serviteur du Crucifié, messire saint François, par l'âpreté de la pénitence et les pleurs continuels était devenu presque aveugle et voyait à peine la lumière. Une fois, entre autres, il partit du couvent où il était et alla dans un autre couvent où était frère Bernard pour parler avec lui de choses divines. Et arrivant en cet endroit, il trouva en oraison dans la forêt, frère Bernard tout élevé vers Dieu et uni à lui. Alors, saint François alla dans le bois et l'appela : « Viens, dit-il, et parle à cet aveugle ».

Et frère Bernard ne répondit rien, parce que, étant homme de grande contemplation, il avait l'esprit ravi et élevé vers Dieu. Et parce qu'il avait une grâce singulière à parler de Dieu, comme l'avait plusieurs fois éprouvé saint François, il désirait pourtant parler avec lui. Après quelque intervalle, il appela une seconde et une troisième fois de la même manière ; et aucune fois, frère Bernard ne l'entendit ; pour cela, il ne lui répondit pas et n'alla point vers lui. De quoi, saint François s'en alla un peu désolé ; et il s'étonnait et s'affligeait en lui-même que frère Bernard, appelé trois fois, n'était pas allé à lui.

S'en allant avec cette pensée, saint François, quand il fut un peu éloigné, dit à son compagnon : « Attends-moi ici ». Et il s'en alla près de là dans un lieu solitaire et se jeta en oraison ; il priait Dieu qu'il lui révélât pourquoi frère Bernard ne lui avait pas répondu. Et étant ainsi, une voix lui vint de Dieu qui lui dit : « Ô pauvre et chétif petit homme, de quoi te troubles-tu ? L'homme doit-il laisser Dieu pour la créature ? Frère Bernard, quand tu l'appelais, était uni à moi ; pour cela, il ne pouvait ni venir à toi, ni te répondre. Donc, ne t'étonne pas s'il n'a pas pu te parler, il était si hors de lui, qu'il n'entendait rien de tes paroles ». Saint François, ayant reçu cette réponse de Dieu, retourna aussitôt en grande hâte vers frère Bernard, pour s'accuser humblement à lui de la pensée qu'il avait eue à son égard.

Le voyant venir vers lui, frère Bernard alla à sa rencontre et se jeta à ses pieds. Alors saint François le fit se relever et lui raconta avec grande humilité la pensée et le trouble qu'il avait eus envers lui et comment, de cela, Dieu l'en avait repris. D'où il conclut ainsi : « Je te commande par la sainte obéissance de faire ce que je t'ordonnerai ». Frère Bernard, craignant que saint François ne lui commandât quelque chose d'excessif comme il en avait l'habitude, voulut esquiver honnêtement cette obéissance ; d'où il lui répondit ainsi : « Je suis prêt à vous obéir, si vous me promettez de faire ce que je vous commanderai ». Saint François le lui promettant, frère Bernard lui dit : « Dites, Père, ce que vous voulez que je fasse ». Alors saint François dit : « Je te commande par la sainte obéissance que, pour punir ma présomption et la hardiesse de mon cœur, dès que je me jetterai à terre sur le dos, tu me poses un pied sur la gorge et l'autre sur la bouche et qu'ainsi tu passes trois fois sur moi d'un côté à l'autre, me faisant honte et me disant des injures. Dis-moi spécialement : Reste étendu, rustre, fils de Pierre Bernardone ; d'où te vient tant de superbe, à toi qui es la plus vile des créatures ? » Frère Bernard, entendant cela, bien que cela lui fût très dur à faire, néanmoins, par la sainte obéissance, accomplit, le plus courtoisement qu'il le put, ce que saint François lui avait commandé.

Cela fait, saint François lui dit : « Maintenant, commande-moi ce que tu veux que je fasse : puisque je t'ai promis obéissance ». Frère Bernard lui dit : « Je te commande par la sainte obéissance, que chaque fois que nous sommes ensemble, tu me reprennes et me corriges durement de mes défauts ». De quoi saint François s'étonna fort, parce que frère Bernard était d'une telle sainteté, qu'il l'avait en grand respect et ne le croyait répréhensible en rien. Aussi, depuis lors, saint François se gardait de rester longtemps avec lui, suivant la dite obéissance, afin qu'il ne lui vienne aucune parole de correction envers lui, qu'il connaissait d'une telle sainteté. Mais quand il avait le désir de le voir ou de l'entendre parler de Dieu, il se séparait de lui le plus tôt qu'il pouvait et s'en allait. Et c'était un très grand sujet de dévotion de voir avec quelle charité, respect et humilité, le saint père François en usait et parlait avec frère Bernard son fils premier-né.

4
———————

Comment l'Ange de Dieu proposa une question à frère Elie, gardien d'un logis du Val de Spolète ; et parce que frère Elie lui répondit avec un grand orgueil, il partit, et, prenant la route de Saint-Jacques, il trouva frère Bernard et lui raconta cette histoire[1].

Au début et dès la fondation de l'Ordre quand ils étaient peu de frères et qu'ils n'étaient pas encore établis, saint François pour sa dévotion alla à Saint Jacques de Galice et emmena avec lui quelques frères parmi lesquels l'un fut frère Bernard. Et allant ainsi ensemble par le chemin, ils trouvèrent dans une terre un pauvre infirme ; duquel ayant compassion, saint François dit à frère Bernard : « Mon fils, je veux que tu demeures ici à servir cet infirme ». Et frère Bernard, humblement s'agenouilla et inclinant la tête, reçut l'ordre du père saint et demeura en ce lieu. Et saint François avec les autres compagnons allèrent à Saint Jacques. Etant arrivés là et se trouvant la nuit en oraison dans l'église de Saint Jacques, il fut révélé par Dieu à saint François qu'il devait prendre beaucoup de lieux de par le monde ; parce que son Ordre devait s'étendre et croître par une grande multitude de frères. Et par cette révélation saint François commença à s'établir en ces contrées. Et revenant par le même chemin, saint François retrouva frère Bernard et l'infirme avec qui il l'avait laissé, et qui était parfaitement guéri. D'où saint François accorda à frère Bernard d'aller à Saint Jacques l'année suivante.

Et saint François s'en retourna dans la vallée de Spolète. Et il se trouvait dans un lieu désert, lui, et frère Massée et frère Elie et quelques autres ; qui tous se gardaient bien d'ennuyer ou de troubler saint François dans l'oraison. Et cela, ils le faisaient à cause du grand respect qu'ils lui portaient, et parce qu'ils savaient que Dieu lui révélait de grandes choses dans ses oraisons. Il advint qu'un jour, un beau jeune homme, en tenue de voyage, vint à la porte du couvent et frappa si vite, si fort et si longtemps que les frères s'étonnèrent beaucoup de cette étrange façon de frapper. Frère Massée alla à la porte, l'ouvrit et dit à ce jeune homme : « D'où viens-tu, mon fils, car il ne semble pas que tu fusses jamais venu ici, tu as frappé d'une façon si étrange ? » Le jeune homme répondit : « Et comment faut-il frapper ? » Frère Massée dit : « Frappe trois fois, l'une après l'autre, lentement ; puis attends assez pour que le frère ait dit le Notre Père et qu'il vienne à toi ; et si dans cet intervalle il ne vient pas, frappe une autre fois ». Le jeune homme répondit : « J'ai grande hâte, c'est pourquoi je frappe aussi fort, car j'ai un long voyage à faire et je suis venu ici pour parler à frère François. Mais il est maintenant dans le bois en contemplation et pour cela je ne veux pas le déranger. Mais va, et envoie-moi frère Elie, à qui je veux poser une question, car je sais qu'il est très sage ».

Frère Massée va et dit à frère Elie qu'il aille vers ce jeune homme ; mais frère Elie s'en offense et ne veut pas y aller. Si bien que frère Massée ne sait que faire, ni que répondre à celui-là : parce que s'il disait : « Frère Elie ne peut venir », il mentait ; s'il disait qu'il était troublé et ne voulait pas venir, il craignait de lui donner un mauvais exemple. Et pendant que frère Massée tardait, pour cela, à retourner, le jeune homme frappa une autre fois comme avant. Peu après, frère Massée retourna à la porte et dit au jeune homme : « Tu ne t'es pas servi de ma leçon pour frapper ». Le jeune homme répondit : « Frère Elie ne veut pas venir à moi, mais va, et dis à frère François que je suis venu pour parler avec lui, mais parce que je ne veux pas le gêner dans l'oraison, dis-lui qu'il m'envoie frère Elie ». Alors frère Massée alla vers saint François qui priait dans le bois, la face levée vers le ciel et lui rapporta tout le message du jeune homme et la réponse de frère Elie. Et ce jeune homme était l'Ange de Dieu sous forme humaine.

Alors saint François, ne changeant pas de lieu, et ne remuant pas le visage, dit à frère Massée : « Va et dis à frère Elie que, par obéissance, il aille, tout de suite, vers ce jeune homme ». Frère Elie, entendant l'ordre de saint François, alla à la porte très troublé, l'ouvrit avec grande violence et grand bruit et dit au jeune homme : « Que veux-tu ? » Le jeune homme répondit « Prends garde, frère, de n'être point troublé, comme tu le parais ; parce que la colère fait obstacle à l'esprit et ne lui laisse pas discerner le vrai ». Frère Elie dit : « Dis-moi ce que tu veux de moi ». Le jeune homme répondit : « Je te demande s'il est permis aux observateurs du saint Evangile, de manger ce qui est placé devant eux, selon ce que le Christ a dit à ses disciples. Et je te demande encore s'il est permis à qui que ce soit d'établir rien de contraire à la liberté évangélique ». Frère Elie répondit superbement : « Je sais bien cela, mais je ne veux pas te répondre : va, passe ton chemin ». Le jeune homme dit : « Je saurais mieux répondre à cette question que toi ». Alors Frère Elie, troublé, ferma la porte avec violence et s'en alla.

Puis il commença à penser à ladite question et à douter en lui-même ; et il ne savait pas la résoudre. Parce qu'il était vicaire de l'Ordre et avait ordonné et fait une constitution, au-delà de l'Evangile et au-delà de la Règle de saint François, qu'aucun frère de l'Ordre ne mangeât de la viande ; de sorte que ladite question était expressément contre lui. Ne sachant pas s'en éclaircir en lui-même, et considérant la modestie du jeune homme et qu'il avait dit qu'il saurait répondre à cette question mieux que lui, il retourna à la porte et l'ouvrit pour demander au jeune homme la réponse à ladite question. Mais il était déjà parti : parce que la superbe de frère Elie n'était pas digne de parler avec l'Ange. Cela fait, saint François, à qui toute chose avait été révélée par Dieu, revint du bois, et fortement, à haute voix, reprit frère Elie, disant : « Tu fais mal, orgueilleux frère Elie, qui chasses loin de nous les anges saints qui viennent nous instruire. Je te dis que je crains fort que ta superbe ne te fasse finir hors de cet Ordre ». Et ainsi il en advint par la suite comme saint François le lui prédît, car il mourut hors de l'Ordre.

Le même jour et à la même heure où cet Ange s'en était allé, il apparut sous cette même forme à frère Bernard, qui revenait de Saint Jacques et se trouvait sur la rive d'un grand fleuve ; il le salua dans son langage disant : « Dieu te donne la paix, ô bon frère ». Et frère Bernard s'étonna fort, et considérant la beauté du jeune homme et le salut de paix qu'il lui donnait dans la façon de parler la langue de sa patrie et avec un visage joyeux, il lui demanda : « D'où viens-tu, bon jeune homme ? » L'Ange répondit : « Je viens de tel couvent où demeure saint François. Et j'allai pour parler avec lui et je n'ai pas pu, parce qu'il était dans le bois à contempler les choses divines, et je n'ai pas voulu le déranger. Et dans ce couvent demeurent frère Massée et frère Gilles et frère Elie. Et frère Massée m'a enseigné à frapper à la porte à la manière des frères ; mais frère Elie, cependant, ne voulut pas répondre à la question que je lui ai posée ; puis il s'en repentit et voulut me voir et m'entendre, et il ne l'a pu ».

Après cette parole, l'Ange dit à frère Bernard : « Pourquoi ne passes-tu pas par-là ? » Frère Bernard répondit : « parce que je crains le danger, à cause de la profondeur de l'eau que je vois ». L'Ange dit : « Passons ensemble, ne pas douter ». Et il prit sa main et en un clin d'œil il le posa de l'autre côté du fleuve. Alors frère Bernard connut qu'il était l'Ange de Dieu, et avec un grand respect et une grande joie il dit à haute voix : « Ô Ange béni de Dieu, dis-moi quel est ton nom ». L'Ange répondit : Pourquoi demandes-tu mon nom, qui est merveilleux ? » Et cela dit, l'Ange disparut et laissa frère Bernard si consolé, qu'il fit tout le voyage dans l'allégresse. Il nota le jour et l'heure où l'Ange lui était apparu ; et rejoignant le couvent où était saint François avec ses susdits compagnons, il leur fit, avec ordre, le récit de chaque chose. Et ils connurent avec certitude que ce même Ange, le même jour et à la même heure, était apparu à eux et à lui. Et ils remercièrent Dieu. Amen.

---

1. A défaut de terme mieux adapté, nous traduisons le mot Luogo (lieu) par logis. Saint François avait donné aux chefs de communautés minorités le nom de gardien (custode). Les ministres dont il sera parlé par la suite étaient placés à la tête d'une province de l'Ordre.

5

Comment le saint frère Bernard d'Assise fut par saint François envoyé à Bologne et là prit sa demeure.

Parce que saint François et ses compagnons étaient appelés et élus par Dieu pour porter dans leurs cœurs et dans leurs œuvres la croix de Jésus-Christ, et pour la prêcher par leurs paroles, ils paraissaient et ils étaient des hommes crucifiés, autant par leur habit et leur vie austère que par leurs actes et leurs œuvres. Aussi, désiraient-ils supporter davantage hontes et opprobres pour l'amour du Christ, que les honneurs du monde ou respects et vaines louanges. Bien plus, ils se réjouissaient des injures et les honneurs les contristaient ; et ainsi ils s'en allaient par le monde comme des pèlerins et des étrangers, n'emportant rien d'autre avec eux que le Christ crucifié. Et parce qu'ils étaient de vrais sarments de la vraie vigne, c'est-à-dire du Christ, ils produisaient de grands et bons fruits dans les âmes, qu'ils gagnaient à Dieu.

Il advint, au commencement de l'Ordre, que saint François envoya frère Bernard à Bologne, afin que là, selon la grâce que Dieu lui avait donnée, il produisît du fruit pour Dieu. Et frère Bernard, faisant le signe de la croix, par la sainte obéissance s'en alla et arriva à Bologne. Et les enfants, le voyant en habit vieux et méprisable, lui lançaient beaucoup de moqueries et d'injures comme l'on fait à un fou. Et frère Bernard, supportait tout cela avec patience et allégresse pour l'amour du Christ. Bien plus, afin d'être mieux bafoué, il vint se mettre avec empressement sur la place de la ville ; aussi, s'étant assis là, beaucoup d'enfants et d'hommes se rassemblèrent autour de lui, et qui lui tirait le capuchon derrière et qui devant, et qui lui jetait de la boue et qui des pierres, et qui le poussait deçà et qui delà. Et frère Bernard, toujours de la même façon, et d'une même patience, avec un visage joyeux, ne se plaignait pas, ni ne changeait : et pendant plusieurs jours, il retourna en ce même lieu pour supporter semblables choses.

Et parce que la patience est œuvre de perfection et preuve de vertu, un savant docteur ès lois, voyant et considérant que la constance et la vertu de frère Bernard étaient telles que, depuis tant de jours, elles n'avaient pu être troublées ni par aucun tourment, ni par aucune injure, se dit en lui-même : « Il est impossible que celui-ci ne soit pas un saint homme ». Et s'approchant de lui, il lui demanda : « Qui es-tu ? Et pourquoi es-tu venu ici ? » Et frère Bernard, pour toute réponse, mit la main dans son sein et tira dehors la règle de saint François, et la lui donna pour qu'il la lût. Celui-là, l'ayant lue, considérant son très haut état de perfection, avec très grande stupeur et très grande admiration, se tourna vers ses compagnons et dit : « Vraiment, ceci est le plus haut état de perfection dont j'aie jamais entendu parler ; c'est pourquoi celui-ci et ses compagnons sont les plus saints hommes de ce monde, et qui lui fait injure commet un très grand péché, lui qui devrait être grandement honoré, parce qu'il est un véritable ami de Dieu ». Et il dit à frère Bernard : « Si vous voulez établir un couvent dans lequel vous puissiez convenablement servir Dieu, moi, pour le salut de mon âme, je vous le donnerai volontiers ». Frère Bernard répondit : « Seigneur, je crois que ceci, c'est notre Seigneur Jésus-Christ qui vous l'a inspiré ; c'est pourquoi j'accepte volontiers votre offre en l'honneur du Christ ». Alors ledit juge avec grande allégresse et charité mena frère Bernard chez lui, puis il lui donna le lieu promis, et l'arrangea entièrement et l'acheva à ses frais. Dorénavant, il devint le père et le défenseur spécial de frère Bernard et de ses compagnons.

Et frère Bernard, par sa sainte conversation, commença à être très honoré par le peuple, à tel point que se tenait pour heureux celui qui pouvait le toucher ou le voir. Mais lui, comme un vrai et humble disciple du Christ et de l'humble saint François, craignant que l'honneur du monde ne fasse obstacle à la paix et au salut de son âme, partit de ce lieu-là et retourna vers saint François, puis il lui parla ainsi : « Père, le couvent est établi dans la ville de Bologne ; envoyez-y des frères qui le gardent et qui y demeurent, parce que moi, je n'y gagnais rien, et au contraire, par le trop grand honneur qui m'était fait, je crains d'y avoir perdu plus que je n'y ai gagné ».

Alors saint François, entendant dans leur ordre, toutes les choses que Dieu avait accomplies par frère Bernard, remercia Dieu, qui, ainsi, commençait à répandre les pauvres petits disciples de la croix. Et alors il envoya de ses compagnons à Bologne et en Lombardie, qui établirent beaucoup de couvents en divers endroits.

A la louange de Jésus-Christ. Amen.

6

Comment saint François bénit le saint frère Bernard et l'institua son vicaire lorsqu'il vint à passer de cette vie.

F rère Bernard était d'une telle sainteté, que saint François lui portait très grand respect, et souventefois, le louait. Un jour que saint François était dévotement en oraison, il lui fut révélé par Dieu que frère Bernard devait, par la permission divine, soutenir beaucoup de poignantes batailles contre les démons. Aussi, saint François, ayant grande compassion dudit frère Bernard qu'il aimait comme un fils, pria Dieu pour lui, avec larmes, pendant longtemps, le recommandant à Jésus-Christ, afin qu'il lui donnât la victoire sur le démon. Et saint François étant ainsi dévotement en oraison, Dieu lui répondit un jour : « François, n'aie crainte, parce que toutes les tentations dont frère Bernard doit être agité sont permises par Dieu, en exercice de vertu et en couronne de mérite ; et finalement, il aura la victoire sur tous ses ennemis, parce qu'il est un des commensaux du royaume de Dieu ». De cette réponse, saint François eut une très grande allégresse, et remercia Dieu. Et depuis lors, il porta toujours à frère Bernard un plus grand amour et un plus grand respect.

Et il le lui montra bien, non seulement pendant sa vie, mais aussi dans la mort. Parce que, saint François, à l'heure de sa mort, tel ce saint patriarche Jacob, ayant autour de lui ses fils dévots, affligés et tout en larmes du départ d'un si aimable père, demanda : « Où est mon premier-né ? » : « Viens à moi, mon fils, afin que mon âme te bénisse avant que je meure ». Alors frère Bernard dit en secret à frère Elie, qui était vicaire de l'Ordre : « Père, va à la main droite du saint afin qu'il te bénisse ». Et frère Elie se plaçant à sa droite, saint François, qui avait perdu la vue pour avoir trop pleuré, posa la main droite sur la tête de frère Elie et dit : « Ce n'est pas la tête de mon premier-né, frère Bernard ». Alors frère Bernard alla près de lui, à main gauche ; et saint François alors, mit ses bras en forme de croix et posa la main droite sur la tête de frère Bernard et la main gauche sur la tête de frère Elie ; et il dit à frère Bernard : « Que te bénisse le père de notre Seigneur Jésus-Christ de toute bénédiction spirituelle et céleste, dans le Christ. Comme tu es le premier élu en cet Ordre pour donner l'exemple évangélique, pour suivre le Christ dans la pauvreté évangélique ; parce que non seulement tu as donné tes biens et tu les as distribués entièrement et libéralement aux pauvres par amour du Christ mais encore tu t'es offert toi-même à Dieu dans cet Ordre en sacrifice de suavité ; béni sois-tu donc par notre Seigneur Jésus-Christ et par moi, son pauvre petit serviteur, de bénédictions éternelles, en allant et en restant au repos, en veillant et en dormant, dans la vie et dans la mort. Qui te bénira sera comblé de bénédictions ; et qui te maudirait ne resterait pas sans punition. Sois le premier de tes frères ; que tous les moines obéissent à ton commandement ; aie licence de recevoir dans cet Ordre et d'en chasser qui tu voudras ; et que nul frère n'ait autorité sur toi et qu'il te soit permis d'aller et de demeurer où il te plaît ».

Après la mort de saint François, les frères aimaient et révéraient frère Bernard comme un père vénérable ; à l'approche de sa mort, beaucoup de frères vinrent à lui de diverses parties du monde ; parmi eux vint ce hiérarchique et divin frère Gilles, qui voyant frère Bernard, dit avec grande allégresse « Haut les cœurs, frère Bernard, haut les cœurs ! » Et frère Bernard dit à un frère secrètement de préparer à frère Gilles un lieu propre à la contemplation ; et ainsi fut fait. Frère Bernard étant à l'heure suprême de la mort, se fit redresser et parla aux frères qui étaient près de lui, disant : « Mes frères bien-aimés, je ne veux point vous dire beaucoup de paroles ; mais vous devez considérer que l'état religieux que j'ai eu, vous l'avez, et ce que j'ai maintenant, vous l'aurez aussi. Et je trouve ceci dans mon âme : que pour mille mondes égaux à celui-ci, je ne voudrais pas ne pas avoir servi notre Seigneur Jésus-Christ. Et de toute offense que j'ai faite, je m'accuse et fais ma coulpe à mon sauveur Jésus et à vous. Je vous en prie, mes frères bien-aimés, aimez-vous les uns les autres ». Et après ces paroles et autres bons enseignements, il se reposa sur le lit, son visage devint resplendissant et joyeux au-delà de toute mesure ; ce dont les frères s'émerveillèrent tous, très fort. Et dans cette joie son âme très sainte, couronnée de gloire, passa de la vie présente à la vie bienheureuse des anges.

7

Comment saint François fit un carême en une île du lac de Pérouse, où il jeûna quarante jours et quarante nuits et ne mangea pas plus d'un demi-pain.

Le véritable serviteur du Christ messire saint François, parce qu'en certaines choses il fut presque un autre Christ, donné au monde pour le salut des hommes, Dieu le Père voulut le rendre, en beaucoup d'actes, conforme et semblable à son Fils Jésus-Christ ; comme il est démontré dans le vénérable collège des douze compagnons, dans l'admirable mystère des sacrés stigmates et dans le jeûne continuel de la sainte quarantaine, qu'il fit de cette façon.

Saint François étant une fois, le jour du carnaval, à côté du lac de Pérouse, dans la maison d'un de ses dévots chez qui il avait logé la nuit, fut inspiré de Dieu d'aller faire ce Carême dans une île dudit lac. C'est pourquoi saint François pria ce sien dévot, que, pour l'amour du Christ, il le portât sur sa nacelle dans une île du lac où personne n'habitait et que cela, il le fit la nuit du jour des Cendres, afin que personne ne s'en aperçût. Et celui-ci, à cause de la grande dévotion qu'il avait envers saint François, accomplit promptement ce qu'il demandait et le passa à ladite île. Et saint François n'emporta avec lui que deux petits pains. Et étant arrivés dans l'île, comme l'ami s'en allait pour retourner chez lui, saint François le pria avec affection qu'il ne révélât à personne comment il était venu en ce lieu, et qu'il ne revînt vers lui que le Jeudi-Saint. Celui-là partit, et saint François demeura seul.

Comme il n'y avait aucune habitation dans laquelle il pût se retirer, il entra dans un taillis très touffu et resserré, où beaucoup de ronces et de petits arbres avaient formé une sorte de petite cabane ou une espèce de tanière. Et en ce lieu il se mit en oraison, et à contempler les choses célestes. Et il demeura en ce lieu tout le Carême sans manger et sans boire rien d'autre que la moitié d'un de ces petits pains, selon que le trouvât ce sien dévot le Jeudi-Saint, quand il retourna vers lui. Des deux petits pains, il retrouva l'un entier et la moitié de l'autre. L'autre moitié, on croit que saint François la mangea par respect pour le jeûne du Christ béni, qui jeûna quarante jours et quarante nuits sans prendre aucune nourriture matérielle. Et ainsi avec cette moitié de pain il chassa loin de lui le venin de la vaine gloire et à l'exemple du Christ jeûna quarante jours et quarante nuits. Puis en cette île où saint François avait fait une si merveilleuse abstinence, Dieu fit, par ses mérites, beaucoup de miracles. Pour cela, les gens commencèrent à y édifier des maisons et à y habiter ; et en peu de temps, il s'y fit un bon et grand bourg ; et là est le couvent des frères, qui s'appelle le couvent de l'île, par respect pour saint François. Et les hommes et les femmes de ce bourg ont encore grand respect et dévotion pour ce lieu où saint François fit ladite quarantaine.

8

Comment, faisant route avec frère Léon, saint François lui expose les choses qui sont la joie parfaite.

Saint François venant une fois de Pérouse à Sainte-Marie des Anges, avec frère Léon par un temps d'hiver, alors que le très grand froid le tourmentait fortement, il appela frère Léon qui allait un peu en avant et lui parla ainsi : « Ô frère Léon, même s'il advenait que les frères mineurs donnent en tous pays un grand exemple de sainteté et de bonne édification, néanmoins écris et note avec diligence que là n'est point la joie parfaite ». Et allant plus loin, saint François l'appela une seconde fois : « Ô frère Léon, même s'il advînt que le frère mineur rende la vue aux aveugles, qu'il redresse les perclus, qu'il chasse les démons, qu'il rende l'ouïe aux sourds, la marche aux boiteux, la parole aux muets et (ce qui est chose plus grande), qu'il ressuscite les morts de quatre jours, écris qu'en cela n'est point la joie parfaite ». Et marchant un peu, saint François s'écria d'une voix forte :

« Ô frère Léon, que le frère mineur sût toutes les langues et toutes les sciences, et toutes les écritures, qu'il sût prophétiser et révéler non seulement les choses futures, mais aussi les secrets des consciences et des âmes, écris qu'en cela n'est point la joie parfaite ». Allant un peu plus loin, saint François appela encore fortement : « Ô frère Léon, petite brebis de Dieu, que le frère mineur parlât avec le langage d'un Ange et sût le cours des étoiles et les vertus des herbes, que lui fût révélé tous les trésors de la terre et qu'il connût les natures des oiseaux et des poissons, et de tous les animaux et des hommes et des arbres et des pierres, et des racines et des eaux, écris qu'en cela n'est point la joie parfaite ». Et allant encore un bout de chemin, saint François appela d'une voix forte : « Ô frère Léon, que le frère mineur sût si bien prêcher qu'il convertît tous les infidèles à la foi du Christ, écris que là n'est point la joie parfaite ».

Cette façon de parler durant bien l'espace de deux milles, frère Léon, avec grande admiration, l'interrogea, et dit : « Père, je te prie de la part de Dieu de me dire où est la joie parfaite ». Et saint François lui répondit : « Quand nous arriverons à Sainte-Marie des Anges, ainsi trempés par la pluie et glacés par le froid et couverts de boue et affamés, et que nous frapperons à la porte du couvent et que le portier viendra en colère et dira : « Qui êtes-vous ? » et nous dirons : « Nous sommes deux de vos frères », et celui-ci dira : « Vous ne dîtes pas vrai ; vous êtes au contraire deux ribauds qui allez trompant le monde et volant les aumônes des pauvres, allez-vous en » ; et quand il ne nous ouvrira pas et nous fera rester dehors dans la neige et dans l'eau, avec le froid et avec la faim, jusqu'à la nuit ; alors, quand nous soutiendrons patiemment, sans trouble et sans murmurer contre lui, tant d'injures et tant de cruauté et tant de rebuffades et quand nous penserons humblement et charitablement que ce portier nous connaît véritablement et que Dieu le fait parler contre nous, ô frère Léon, écris que là est la joie parfaite. Et quand nous persévérerons en frappant, et qu'il sortira dehors, en colère, et comme des fripons importuns nous chassera avec des injures et des soufflets, disant : « Allez-vous-en d'ici, très méprisables petits voleurs, allez à l'hôpital ; car ici vous ne mangerez, ni ne logerez », quand nous soutiendrons cela avec patience et avec allégresse et avec beaucoup d'amour, ô frère Léon, écris que là est la joie parfaite. Et quand, nous, contraints par la faim et le froid et la nuit, nous frapperons et appellerons et prierons pour l'amour de Dieu, avec de grands pleurs, qu'il nous ouvre pourtant, et nous fasse entrer, et quand lui, plus irrité, dira : « Ceux-ci sont des fripons importuns ; je les paierai bien comme ils en sont dignes », et quand il sortira dehors avec un bâton noueux et nous saisira par le capuchon, et nous jettera à terre, et nous enfoncera dans la neige et nous battra avec tous les nœuds de ce bâton ; quand nous supporterons tout cela avec patience et avec allégresse, en pensant aux peines du Christ béni, lesquelles nous devons supporter pour son amour : ô frère Léon, écris qu'en cela est la joie parfaite.

Cependant, écoute la conclusion, frère Léon. Au-dessus de toutes les grâces et dons de l'Esprit-Saint, que le Christ accorde à ses amis, il y a celui de se vaincre soi-même et, volontiers, pour l'amour du Christ, de supporter les peines, les injures, les opprobres, les incommodités ; parce que de tous les autres dons de Dieu nous ne pouvons-nous glorifier, puis qu'ils ne sont pas les nôtres, mais ceux de Dieu ; d'où l'Apôtre dit : « Qu'as-tu que tu ne l'aies reçu de Dieu ? Et si tu l'as eu de lui, pourquoi t'en glorifies-tu comme si tu l'eusses de toi ? » Mais dans la croix de la tribulation et de l'affliction, nous pouvons nous glorifier, parce que cela est à nous. C'est pourquoi l'Apôtre dit : « Je ne veux point me glorifier sinon dans la croix de notre Seigneur Jésus-Christ ».

A qui soit toujours honneur et gloire dans les siècles des siècles. Amen.

9

Comment saint François enseignait à répondre à frère Léon, qui jamais ne put dire sinon le contraire de ce que saint François voulait.

Saint François étant une fois, au commencement de l'Ordre,, avec frère Léon dans un couvent où ils n'avaient pas de livres pour dire l'office divin, quand vint l'heure des Matines, saint François dit à frère Léon : « Mon bien-aimé, nous n'avons pas de bréviaire avec lequel nous puissions dire Matines mais afin que nous employions le temps à la louange de Dieu, je parlerai, et tu me répondras comme je te l'enseignerai ; et prends garde que ne soient changées les paroles que je t'enseignerai. Je dirai ainsi : « Ô frère François, tu fis tant de maux et tant de péchés dans le siècle, que tu es digne de l'enfer » ; et toi, frère Léon, tu répondras : « Il est vrai que tu mérites le plus profond de l'enfer »« . Et frère Léon avec une simplicité de jeune colombe répondit : « Volontiers, père, commence au nom de Dieu ».

Alors saint François commença à dire : « Ô frère François, tu fis tant de maux et tant de péchés dans le siècle que tu es digne de l'enfer ». Et frère Léon répondit : « Dieu fera par toi tant de bien, que tu t'en iras en paradis ». Saint François dit : « Ne parle pas ainsi, frère Léon ; mais quand je dirai : « Ô frère François, tu as fait tant de choses iniques contre Dieu, que tu es digne d'être maudit de Dieu » ; toi, tu répondras ainsi : « Vraiment, tu es digne d'être mis parmi les maudits »« . Et frère Léon répondit : « Volontiers, père ». Alors saint François, avec beaucoup de soupirs et de larmes et se frappant la poitrine, dit à haute voix : « Ô mon Seigneur, Dieu du ciel et de la terre, j'ai commis contre toi tant d'iniquités et tant de péchés que je suis tout à fait digne d'être maudit de toi ». Et frère Léon répondit : « Ô frère François, Dieu te rendra tel, que parmi les bénis tu seras béni singulièrement ».

Et saint François, s'étonnant que frère Léon répondait néanmoins le contraire de ce qu'il lui avait imposé, l'en reprit, disant : « Pourquoi ne réponds-tu pas comme je te l'enseigne ? Je te commande par la sainte obéissance, de répondre comme je te l'enseignerai. Je parlerai ainsi : « Ô mauvais petit frère François, penses-tu que Dieu aura pitié de toi, alors que tu as commis tant de péchés contre le Père des miséricordes et le Dieu de toute consolation que tu n'es pas digne de trouver miséricorde ? » Et toi, frère Léon, petite brebis, tu répondras : « En aucune manière tu n'es digne de trouver miséricorde ». Mais ensuite, quand saint François dit : « Ô mauvais petit frère François etc… », frère Léon répondit : « Dieu le Père, dont la miséricorde est infinie plus que ton péché, te fera grande miséricorde et t'y ajoutera beaucoup de grâces ».

A cette réponse, saint François doucement fâché et troublé sans impatience, dit : « Ô frère Léon, pourquoi as-tu eu la présomption d'agir contre l'obéissance et as-tu déjà tant de fois répondu le contraire de ce que je t'ai commandé ? » Frère Léon répondit très doucement et avec respect : « Dieu le sait, mon père, que chaque fois j'ai résolu dans mon cœur de répondre comme tu me l'as commandé ; mais Dieu me fait parler selon qu'il lui plaît et non selon qu'il me plaît ». De cela saint François s'étonna et dit à frère Léon : « Je te prie très affectueusement de me répondre cette fois comme je t'ai dit ». Frère Léon répondit : « Parle au nom de Dieu, car certainement je répondrai cette fois comme tu veux ». Et saint François dit en pleurant : « Ô mauvais petit frère François, penses-tu que Dieu ait pitié de toi etc… ? » Frère Léon répondit : « Au contraire, tu recevras de grandes grâces de Dieu, et il t'exaltera et il te glorifiera dans l'éternité ; parce que qui s'humilie sera exalté. Et je ne puis dire autre chose, car Dieu parle par ma bouche ». Et ainsi en cet humble débat, avec beaucoup de larmes et avec beaucoup de consolations spirituelles, ils veillèrent jusqu'au jour.

10

Comment frère Massée ayant dit, presque en se moquant, à saint François que tout le monde courait après lui, il répondit que c'était, à la confusion du monde, par la grâce de Dieu.

Saint François demeurant une fois au couvent de la Portioncule, y était avec frère Massée de Marignan, homme de grande sainteté et de discernement, et rempli de grâce pour parler de Dieu ; ce pourquoi saint François l'aimait beaucoup ; un jour, saint François revenant de bois où il avait fait oraison, et étant à l'orée du bois, ledit frère Massée voulut éprouver l'humilité de saint François ; il alla à sa rencontre et comme en plaisantant lui dit : « Pourquoi à toi ? Pourquoi à toi ? Pourquoi à toi ? » Et saint François répondit : « Que veux-tu dire ? » Frère Massée dit : « Je dis : pourquoi tout le monde vient-il derrière toi et pourquoi chacun semble-t-il avoir le désir de te voir, et de t'entendre et de t'obéir ? De corps, tu n'es pas un bel homme, tu n'as pas grande science, tu n'es pas noble ; d'où te vient-il donc, que tout le monde te suit ? »

Entendant cela, saint François, tout réjoui en esprit, leva le visage vers le ciel, et resta longtemps l'âme élevée vers Dieu ; puis, il rentra en lui-même et s'agenouilla et rendit louange et grâces à Dieu et dans une grande ferveur d'esprit il se tourna ensuite vers frère Massée et dit : « Tu veux savoir pourquoi à moi ? Tu veux savoir pourquoi à moi ? Tu veux savoir pourquoi à moi, tout le monde me suit ? Cela je l'ai de ces yeux de Dieu très haut, qui en tous lieux contemplent les bons et les coupables : parce que ces yeux très saints n'ont vu parmi les pécheurs personne de plus vil, de plus insuffisant, ni plus grand pécheur que moi, et parce que pour faire cette œuvre merveilleuse, qu'il entendait faire, il n'a pas trouvé sur la terre de plus vile créature, il m'a choisi pour confondre la noblesse et la grandeur et la force et la beauté et la science du monde, afin que l'on connaisse que toute vertu et tout bien viennent de lui et non de la créature, et que nul ne puisse se glorifier en sa présence mais celui qui se glorifie, qu'il se glorifie dans le Seigneur à qui est tout honneur et gloire dans l'éternité ». Alors frère Massée, à une si humble réponse, dite avec tant de ferveur, s'effraya et reconnut avec certitude que saint François prenait appui sur la vraie humilité.

11
———

Comment saint François fit tourner plusieurs fois frère Massée sur lui-même, puis s'en alla à Sienne.

Saint François, cheminant un jour avec frère Massée, saint François s'en allait ; et ledit frère Massée marchait un peu en avant ; et arrivant à un carrefour, par lequel on pouvait aller à Sienne, à Florence, et à Arezzo, frère Massée dit : « Père, par quel chemin devons-nous aller ? » Saint François répondit : « Par celui que Dieu voudra ». Frère Massée dit : « Et comment pourrons-nous savoir la volonté de Dieu ? » Saint François répondit : « Au signal que je te montrerai. D'où je te commande, par le mérite de la sainte obéissance, que dans ce carrefour, à l'endroit où tu as les pieds, tu tournes sur toi-même comme font les enfants ; et ne cesse de tourner que je ne te le dise ». Alors frère Massée commença à tourner en rond ; et tant il tourna, que par le vertige de tête qu'engendre un tel tournoiement, il tomba plusieurs fois à terre. Mais, saint François ne lui disant pas de s'arrêter, et lui, voulant fidèlement obéir, il se relevait et recommençait. A la fin, quand il tournait bien fort, saint François lui dit : « Arrête-toi et ne bouge plus ». Il s'arrêta et saint François lui demanda : « De quel côté tiens-tu le visage ? » Frère Massée répondit : « Vers Sienne ». Saint François dit : « C'est la route par laquelle Dieu veut que nous allions ». Allant par cette route, frère Massée s'étonnait fort de ce que saint François lui avait fait faire, – comme s'il fut un enfant – devant les séculiers qui passaient ; néanmoins, par respect, il n'osait rien en dire au père saint.

Comme ils s'approchaient de Sienne, le peuple de la ville apprit l'arrivée du saint. D'où il alla à sa rencontre et par dévotion le porta lui et son compagnon jusqu'à l'évêché, si bien qu'ils ne touchèrent point terre avec les pieds. Or, à ce moment, plusieurs hommes se battaient entre eux et déjà deux des leurs en étaient morts. Arrivant dans ce lieu-là, saint François leur prêcha si dévotement et si saintement, qu'il les ramena tous à la paix et grande union et à la concorde entre eux. Pour cela, l'évêque de Sienne entendant l'œuvre sainte qu'avait faite saint François, l'invita chez lui et le reçut avec très grand honneur ce jour-là et aussi la nuit. Et le matin suivant saint François, vrai humble, qui dans ses œuvres ne cherchait que la gloire de Dieu, se leva de bonne heure avec son compagnon et partit sans voir personne.

De cela frère Massée allait murmurant en lui-même sur le chemin, disant : « Qu'est-ce qu'a fait ce brave homme ? Qui me fit tourner comme un enfant et à l'évêque, qui l'a tant honoré, il n'a donné cependant aucune bonne parole, et il ne l'a pas remercié ». Et il parut à frère Massée que saint François s'était comporté sans discrétion. Mais, ensuite, rentrant en lui-même par une inspiration divine et se reprenant, il dit en son cœur : « Frère Massée, tu es trop orgueilleux, toi qui juges les œuvres divines, et tu es digne de l'enfer pour ton orgueil indiscret ; car dans la journée d'hier frère François fit des œuvres si saintes qu'elles n'auraient pas été plus merveilleuses, si l'Ange de Dieu les avait faites. Aussi, qu'il te commandât de jeter des pierres tu devrais lui obéir ; et ce qu'il a fait sur cette route est venu de l'ordre divin, comme il est démontré dans la bonne fin qui s'en est suivie. Parce que s'il n'avait pas réconcilié ceux qui se battaient entre eux, non seulement beaucoup de corps, comme ils avaient déjà commencé, seraient morts à coups de couteaux, mais aussi le diable aurait entraîné beaucoup d'âmes en enfer. Tu es donc très sot et très orgueilleux, toi qui murmures de ce qui, manifestement, vient de la volonté de Dieu ».

Et toutes ces choses, que frère Massée disait dans son cœur, en marchant devant, furent révélées par Dieu à saint François. Aussi s'approchant de lui, saint François parla ainsi : « Tiens-toi à ces pensées que tu as maintenant, parce qu'elles sont bonnes et utiles et inspirées de Dieu ; mais le premier murmure que tu faisais était aveugle et vain et orgueilleux ; et il fut mis dans ton âme par le démon ». Alors frère Massée s'aperçut clairement que saint François savait les secrets du cœur, et comprit avec certitude que l'esprit de la sagesse divine dirigeait le père saint dans tous ses actes.

12

Comment saint François préposa frère Massée à l'office de la porte, de l'aumône et de la cuisine ; puis, à la prière des autres frères, l'en releva.

Saint François voulant humilier frère Massée afin que par les nombreux dons et grâces que Dieu lui donnait, il ne s'élevât en vaine gloire, mais que par la vertu d'humilité il croisse avec elle de vertu en vertu, une fois qu'il demeurait dans un couvent solitaire avec quelques-uns de ses premiers compagnons véritablement saints, parmi lesquels était ledit frère Massée, il dit un jour à frère Massée devant tous ses compagnons : « Ô frère Massée, tous tes compagnons que voici ont la grâce de la contemplation et de l'oraison ; mais toi, tu as la grâce de la prédication de la parole de Dieu pour satisfaire le peuple ; et pour cela, je veux, afin que ceux-ci puissent se livrer à la contemplation, que tu fasses l'office de la porte et de l'aumône et de la cuisine. Et quand les autres frères mangeront, tu mangeras hors de la porte du couvent ; de sorte que, avant qu'ils ne frappent, tu satisfasses de quelques bonnes paroles de Dieu ceux qui viendront au couvent et qu'il ne soit besoin à personne autre que toi d'aller dehors vers eux. Et cela, fais-le par le mérite de la sainte obéissance ». Alors frère Massée retira son capuchon et inclina la tête et humblement reçut et suivit cet ordre de la sainte obéissance pendant plusieurs jours faisant l'office de la porte, de l'aumône et de la cuisine.

Ses compagnons, comme des hommes illuminés de Dieu commencèrent à en éprouver dans leurs cœurs beaucoup de remords, considérant que frère Massée était comme eux, et plus qu'eux, homme de grande perfection ; et à lui était imposé tout le poids du couvent, et non à eux. C'est pourquoi, tous mûs par une même volonté, ils allèrent prier saint François qu'il lui plût de distribuer ces offices entre eux ; parce que leur conscience ne pouvait, en aucune façon, supporter que frère Massée portât tant de fatigues.

Entendant cela, saint François crut à leurs conseils et consentit à leur volonté : et, appelant frère Massée, il lui dit : « Frère Massée, tes compagnons veulent prendre leur part des offices que je t'ai donnés ; pour cela, je veux que lesdits offices soient divisés ». Frère Massée dit avec grande humilité et patience : « Père, ce que tu m'imposes, en tout ou en partie, tout est estimé affaire de Dieu ». Alors saint François, voyant la charité de ceux-là et l'humilité de frère Massée, leur fit un merveilleux sermon sur la très sainte humilité, leur enseignant que nous devons être d'autant plus humbles que sont plus grands les dons et grâces que Dieu nous donne, car sans l'humilité aucune vertu n'est agréable à Dieu. Et ce sermon fait, il répartit les offices avec une très grande charité.

13

Comment saint François et frère Massée posèrent le pain qu'ils avaient mendié sur une pierre, auprès d'une fontaine, et saint François loua beaucoup la pauvreté ; comment il pria ensuite Dieu, saint Pierre et saint Paul de lui inspirer l'amour de la sainte pauvreté et comment saint Pierre et saint Paul lui apparurent.

Le merveilleux serviteur et imitateur du Christ, messire saint François, pour se conformer parfaitement au Christ en toute chose, qui, selon ce que dit l'Evangile, envoya ses disciples deux à deux dans toutes les villes et tous les lieux où il devait aller ; après qu'il eut, à l'exemple du Christ, réuni douze compagnons, les envoya par le monde prêcher deux à deux. Et pour leur donner l'exemple de la vraie obéissance, il commença d'abord par aller lui-même, à l'exemple du Christ, qui commença d'agir avant d'enseigner. D'où, ayant assigné aux compagnons les autres parties du monde, lui, prenant frère Massée pour compagnon, s'achemina vers la province de

France. Parvenant un jour, très affamés, dans un pays, ils allèrent selon la Règle, mendiant du pain pour l'amour de Dieu. Et saint François alla par un quartier et frère Massée par un autre. Mais parce que saint François était un homme d'aspect trop méprisable et petit de taille, parce qu'il était réputé un vil petit pauvre de qui ne le connaissait pas, il ne put mendier que quelques bouchées et petits morceaux de pain sec. Mais à frère Massée, parce qu'il était beau et grand de taille, furent donnés beaucoup de bons et grands morceaux, et du pain entier.

Après qu'ils eurent mendié, ils se rejoignirent, pour manger, hors du village dans un lieu où était une belle source, et à côté il y avait une belle pierre large, sur laquelle chacun posa les aumônes qu'il avait mendiées. Et saint François, voyant que les morceaux de pain de frère Massée étaient plus nombreux et plus beaux et plus grands que les siens, témoigna d'une très grande allégresse et dit : « Ô frère Massée, nous ne sommes pas dignes d'un aussi grand trésor ». Et comme il répétait plusieurs fois ces paroles, frère Massée répondit : « Père bien-aimé, comment peut-on parler de trésor, là où il y a tant de pauvreté, et où font défaut tant de choses nécessaires ? Ici, il n'y a ni nappe, ni couteau, ni hachoir, ni écuelle, ni maison, ni table, ni valet, ni servante ». Saint François dit alors : « C'est bien cela que j'estime un grand trésor, qu'il n'y ait rien de préparé par l'industrie humaine ; mais ce qui est ici, est préparé par la divine providence comme on le voit manifestement dans le pain mendié, dans la table de pierre, si belle, et dans la source si claire. Et pour cela je veux que nous priions Dieu qu'il nous fasse aimer de tout notre cœur le trésor si noble de la pauvreté, qui a Dieu pour serviteur ». Et ces paroles dites et l'oraison faite et prise la réfection corporelle de ces morceaux de pain et de cette eau, ils se levèrent pour s'acheminer vers la France.

Et arrivant à une église, saint François dit à son compagnon : « Entrons dans cette église pour prier ». Et saint François s'en alla derrière l'autel et se mit en oraison. Dans cette oraison, il reçut de la visite de Dieu une si excessive ferveur, et son âme s'enflamma de l'amour de la sainte pauvreté avec une telle ardeur, qu'il paraissait par la chaleur de son visage et le mouvement de sa bouche, lancer des flammes d'amour. Et venant ainsi enflammé à son compagnon, il lui dit : « Ah ! Ah ! Ah ! Frère Massée, donne-moi toi-même ». Et il parla ainsi trois fois ; et à la troisième fois, saint François, de son souffle, éleva frère Massée en l'air et le projeta devant lui à la distance d'une grande hampe. De cela, frère Massée fut très étonné. Et il raconta ensuite à ses compagnons qu'étant ainsi élevé et projeté par le souffle de saint François, il avait ressenti tant de douceur d'âme et consolation de l'Esprit-Saint, que jamais dans sa vie, il n'en avait ressenti de pareille.

Cela fait, saint François dit : « Mon compagnon bien-aimé, allons à saint Pierre et à saint Paul et prions-les, afin qu'ils nous enseignent et nous aident à posséder l'immense trésor de la très sainte pauvreté ; car c'est un trésor si digne et si divin, que nous ne sommes pas dignes de le posséder dans nos vases si vils ; elle est cette vertu céleste par laquelle toutes les choses terrestres et transitoires sont foulées aux pieds, et par laquelle tout obstacle est retiré devant l'âme, afin qu'elle puisse s'unir librement au Dieu éternel. Elle est cette vertu, par laquelle, l'âme encore arrêtée par la terre, peut converser dans le ciel avec les anges. Elle est celle qui accompagna le Christ sur la croix ; avec le Christ, elle fut ensevelie, avec le Christ elle ressuscita, avec le Christ elle monta au ciel ; elle aussi qui, en cette vie, accorde aux âmes qui s'enamourent d'elle, la facilité de s'envoler au ciel, parce qu'elle garde les armes de la vraie humilité et de la charité. Pour cela, prions les très saints apôtres du Christ qui furent des amoureux parfaits de cette perle évangélique, qu'ils nous obtiennent cette grâce de notre Seigneur Jésus-Christ ; que par sa sainte miséricorde il nous concède de mériter d'être de vrais passionnés et observateurs et disciples humbles et fidèles de la très précieuse, et très sainte et évangélique pauvreté ».

Et parlant ainsi, ils arrivèrent à Rome et entrèrent dans l'église de saint Pierre. Et saint François se mit en oraison dans un coin de l'église et frère Massée dans l'autre. Ils restèrent longuement en oraison avec beaucoup de larmes et de dévotion, et les saints apôtres Pierre et Paul apparurent à saint François dans une grande splendeur et dirent : « Parce que tu demandes et désires observer ce que le Christ et les saints apôtres observèrent, notre Seigneur Jésus-Christ nous envoie vers toi pour t'annoncer que ta prière est exaucée, et qu'il t'est accordé par Dieu, très parfaitement à toi et à tes disciples, le trésor de la très sainte pauvreté. Et nous te disons encore de sa part, que quiconque, à ton exemple, poursuivra ce désir, parfaitement, est assuré de la béatitude de la vie éternelle ; et toi et tous tes disciples vous serez bénis de Dieu ». Et ces paroles dites, ils disparurent, laissant saint François rempli de consolation. Il se releva de sa prière, et revint vers son compagnon et lui demanda si Dieu ne lui avait rien révélé ; et il lui répondit que non. Alors saint François lui dit comment les saints apôtres lui étaient apparus et ce qu'ils lui avaient révélé. De quoi, chacun fut rempli de joie et ils déterminèrent de retourner dans la vallée de Spolète, laissant l'idée d'aller en France.

14

Comment saint François se trouvant avec ses frères à parler de Dieu, Christ apparut au milieu d'eux.

Au commencement de l'Ordre, saint François étant une fois réuni avec ses compagnons dans un couvent pour parler du Christ, lui, dans la ferveur de son esprit, commanda à l'un d'eux qu'au nom de Dieu, il ouvrît la bouche et parlât de Dieu selon que l'Esprit-Saint le lui inspirerait. Le frère accomplissant le commandement et parlant de Dieu merveilleusement, saint François lui imposa silence et commanda la même chose à un autre. Celui-ci, obéissant et parlant de Dieu d'une façon très pénétrante, saint François, pareillement, lui imposa silence et commanda à un troisième de parler de Dieu. Lequel, de la même façon commença à parler de Dieu, si profondément de choses secrètes, que saint François connut que, lui, comme les deux autres, parlait par l'Esprit-Saint.

Et cela se démontra aussi par un signe exprès ; car étant ainsi à parler, le Christ béni apparut au milieu d'eux, sous la forme d'un très beau jeune homme : et les bénissant tous, il les remplit de tant de douceur, que tous furent ravis hors d'eux-mêmes, et qu'ils gisaient à terre comme morts, ne sentant rien de ce monde. Puis revenant à eux-mêmes, saint François leur dit : « Mes frères bien-aimés, remerciez Dieu qui a voulu par la bouche des simples révéler les trésors de la sagesse divine ; parce que Dieu est celui qui ouvre la bouche des muets et fait parler avec très grande sagesse la langue des simples ».

15

Comment sainte Claire mangea avec saint François et avec les frères, ses compagnons, à Sainte-Marie-des-Anges.

Lorsque saint François demeurait à Assise, il visitait souvent sainte Claire, lui donnant de saints enseignements. Et elle avait un très grand désir de manger une fois avec lui et, pour cela l'en priait bien des fois ; mais lui ne voulait jamais lui donner cette consolation. D'où, ses compagnons, voyant le désir de sainte Claire, dirent à saint François : « Père, il nous semble que cette rigueur n'est pas selon la divine charité, que tu ne veuilles exaucer sœur Claire, vierge aussi sainte et aimée de Dieu, en une si petite chose que celle de manger avec toi ; et spécialement considérant qu'à ta prédication elle abandonna les richesses et les pompes du monde. Et en vérité, si elle te demandait une grâce plus grande encore que celle-là, tu devrais l'accorder à ta plante spirituelle ».

Alors saint François répondit : « Vous semble-t-il que je doive l'exaucer ? » Et les compagnons : « Oui,

Père, c'est une chose juste que tu lui fasses cette consolation ». Alors saint François dit : « Dès lors qu'il vous le paraît à vous il me le paraît aussi. Mais afin qu'elle soit plus consolée, je veux que ce repas se fasse à Sainte-Marie des Anges ; parce qu'il y a longtemps qu'elle est recluse à saint Damien ; de sorte que, le couvent de Sainte-Marie où elle eut les cheveux coupés et où elle fut faite épouse de Jésus-Christ, la réjouira un peu ; et ici nous mangerons ensemble au nom de Dieu ».

Le jour choisi pour cela étant donc arrivé, sainte Claire sortit du monastère avec une compagne ; et escortée des compagnons de saint François, elle vint à Sainte-Marie des Anges. Elle salua dévotement la Vierge Marie devant son autel où elle avait eu les cheveux coupés et avait reçu le voile, puis ils la menèrent voir le couvent jusqu'à ce qu'il fût l'heure de dîner. Et pendant ce temps, saint François fit préparer la table sur la terre, comme c'était l'usage. Et quand fut venue l'heure du dîner, ils s'assirent ensemble, saint François et sainte Claire, et un des compagnons de saint François avec la compagne de sainte Claire, et puis tous les autres se mirent à table humblement.

Et au premier mets, saint François commença à parler de Dieu si suavement, et si hautement et si merveilleusement que, l'abondance de la grâce divine descendant sur eux, ils furent tous ravis en Dieu. Et pendant qu'ils étaient ainsi ravis, les yeux et les mains levés vers le ciel, les gens d'Assise et de Bettona et ceux de la contrée environnante voyaient que Sainte-Marie des Anges et tout le couvent et le bois, qui était alors à côté du couvent, brûlaient entièrement et il leur semblait que c'était un grand feu qui occupât à la fois la place et de l'église et du couvent et du bois.

Ce pourquoi, les gens d'Assise coururent là-bas en grande hâte pour éteindre le feu, croyant fermement que tout brûlait. Mais arrivant au couvent et ne voyant aucun feu, ils y entrèrent et trouvèrent saint François avec sainte Claire et tous leurs compagnons ravis en Dieu dans la contemplation et assis autour de cette humble table. De cela, ils comprirent avec certitude que c'était là un feu divin et non matériel que Dieu avait fait apparaître miraculeusement pour démontrer et signifier le feu de l'amour divin dont brûlaient les âmes de ces saints frères et saintes moniales. Aussi, ils repartirent le cœur rempli d'une grande consolation et saintement édifiés. Puis, après un grand moment, saint François et sainte Claire revinrent à eux en même temps que les autres et se sentant si bien réconfortés par la nourriture spirituelle, ne se soucièrent point de la nourriture corporelle.

Et ainsi, ce repas béni étant terminé, sainte Claire, bien accompagnée, retourna à saint Damien. De quoi, les sœurs eurent, en la voyant, grande allégresse ; car elles craignaient que saint François ne l'eût envoyée gouverner quelque autre monastère, comme il avait déjà envoyé sœur Agnès, sa sainte sœur, gouverner comme abbesse le monastère de Monticelli de Florence. Et saint François, quelque autre fois, avait dit à sainte Claire : « Tiens-toi prête, que je puisse t'envoyer en quelque couvent, s'il en était besoin » ; et elle, en fille de la sainte obéissance, avait répondu : « Père, je suis toujours prête à aller partout où vous m'enverrez ». C'est pourquoi les sœurs se réjouirent beaucoup, quand elles la revirent ; et sainte Claire, dorénavant, demeura très consolée.

16

Comment Saint François reçu de sainte Claire et du frère Sylvestre le conseil qu'il devait en prêchant convertir beaucoup de gens ; et comment il fonda le Tiers-Ordre, prêcha aux oiseaux et fit rester tranquille les hirondelles.

L'humble serviteur de Dieu saint François, peu de temps après sa conversion, ayant déjà réuni et reçu dans l'Ordre beaucoup de compagnons, entra en grand souci et grand doute sur ce qu'il devait faire ; ou se livrer seulement à l'oraison, ou quelquefois à la prédication et il désirait beaucoup sur cela connaitre la volonté de Dieu. Et parce que l'humilité qui était en lui ne le laissait pas se fier à lui-même, ni à ses oraisons, il pensa rechercher la volonté divine par l'oraison des autres. Il appela donc frère Massée et lui parla ainsi : « Va trouver sœur Claire et dis-lui de ma part qu'elle prenne avec elle quelqu'une de ses plus spirituelles compagnes et que, dévotement, elles prient Dieu qu'il lui plaise de me montrer quel est le mieux : ou que je me livre à la prédication ou seulement à l'oraison. Puis va trouver frère Sylvestre et dis-lui la même chose ». Celui-ci avait été dans le siècle, ce messire Sylvestre qui avait vu sortir de la bouche de saint François une croix d'or qui était haute jusqu'au ciel et large jusqu'aux extrémités du monde. Et ce frère Sylvestre était d'une telle sainteté qu'il obtenait de Dieu ce qu'il lui demandait dans la prière, et souventefois il parlait avec Dieu ; c'est pourquoi saint François avait grande confiance en lui.

Frère Massée s'en alla et, selon le commandement de saint François, porta le message d'abord à sainte Claire, et puis à frère Sylvestre. Celui-ci, dès qu'il l'eut reçu, se jeta tout de suite en oraison, et en priant, il eut la réponse divine ; il revint alors à frère Massée et lui parla ainsi : « Voici ce que Dieu dit que tu rapportes à frère François : Que Dieu ne l'a pas appelé en cet état seulement pour lui-même, mais afin qu'il fasse du fruit dans les âmes et que beaucoup soient sauvées par lui ». Ayant eu cette réponse, frère Massée retourna vers sainte Claire, pour savoir ce qu'elle avait obtenu de Dieu. Et elle répondit qu'elle et l'autre compagne avaient eu de Dieu cette même réponse qu'avait eue frère Sylvestre.

Avec cela, frère Massée revint auprès de saint François ; et saint François le reçut avec une très grande charité, lui lavant les pieds et lui préparant le dîner. Après qu'il eut mangé, saint François appela frère Massée dans le bois ; et là, il s'agenouilla devant lui et tira son capuchon ; puis plaçant les bras en forme de croix, il lui demanda : « Que me commande de faire mon Seigneur Jésus-Christ ? » Frère Massée répondit que, aussi bien à frère Sylvestre qu'à sœur Claire et à sa sœur, le Christ avait répondu et révélé que sa volonté est : « Que tu ailles par le monde pour prêcher, parce qu'il ne t'a pas élu pour toi seul, mais aussi pour le salut des autres ». Alors saint François, lorsqu'il eut entendu cette réponse et connu par elle la volonté du Christ, se leva et avec une très grande ferveur dit : « Allons au nom de Dieu ». Et il prit pour compagnon frère Massée et frère Ange, hommes saints.

Et allant avec l'élan de l'esprit sans considérer ni route, ni sentier, ils arrivèrent à un lieu qui s'appelait Savurniano. Et saint François se mit à prêcher, ordonnant d'abord aux hirondelles qui chantaient, de faire silence jusqu'à ce qu'il eut prêché. Et les hirondelles lui obéissant, il prêcha là avec tant de ferveur que tous les hommes et les femmes de cet endroit voulaient le suivre par dévotion et abandonner leur village. Mais saint François ne les laissa par faire, leur disant : « N'ayez pas de hâte et ne partez pas ; et je règlerai ce que vous devez faire pour le salut de vos âmes ». Et il pensa alors faire un Tiers-Ordre pour le salut universel de tous. Et ainsi, les laissant très consolés et bien disposés à la pénitence, il partit de là et vint entre Cannaio et Bevagna.

Et allant plus loin avec la même ferveur, il leva les yeux et vit quelques arbres à côté de la route, sur lesquels était une multitude presque infinie d'oiseaux ; saint François s'en émerveilla et dit à ses compagnons ; « Vous m'attendrez ici sur la route, et j'irai prêcher à mes sœurs les oiseaux ». Et il entra dans le champ et commença à prêcher aux oiseaux qui étaient à terre. Et soudain, ceux qui étaient sur les arbres vinrent auprès de lui, et tous ensembles restèrent immobiles tandis que saint François achevait de prêcher. Et puis, de même, ils ne partaient pas, jusqu'à ce qu'il leur eut donné sa bénédiction. Et selon que le raconta ensuite frère Massée à frère Jacques de Massa, bien que saint François allait parmi eux, les touchant de sa cape, aucun, cependant, ne bougeait. La substance du sermon de saint François fut celle-ci : « Mes sœurs les oiseaux, vous êtes très redevables à Dieu votre créateur, et toujours et en tous lieux vous devez le louer ; parce qu'il vous a donné un double et triple vêtement ; ensuite, il vous a donné la liberté de voler de tous les côtés ; et aussi il réserva votre semence dans l'arche de Noé, afin que votre espèce ne vînt à s'évanouir dans le monde. Et vous lui êtes encore redevables pour l'élément de l'air qu'il a voulu vous répartir. Outre cela, vous ne semez ni ne moissonnez ; et Dieu vous nourrit et vous donne les fleuves et les sources pour y boire ; il vous donne les monts et les vallées pour vous y réfugier ; et les grands arbres pour y faire vos nids. Et parce que vous ne savez ni filer, ni coudre, Dieu vous fournit le vêtement à vous et à vos petits ; le Créateur vous aime donc beaucoup, puisqu'il vous accorde tant de bienfaits ; aussi, gardez-vous, mes sœurs, du péché d'ingratitude, mais appliquez-vous toujours à louer Dieu ».

Saint François leur disant ces paroles, tous ces oiseaux commencèrent à ouvrir leurs becs, à tendre leurs cous, à déployer leurs ailes et avec respect à incliner leurs têtes jusqu'à terre ; et par leurs mouvements et leurs chants, ils montraient que les paroles du père saint leur faisaient un très grand plaisir. Et saint François se réjouissait et se délectait avec eux, et il s'émerveillait beaucoup d'une telle multitude d'oiseaux, de leur très belle variété, et de leur attention et de leur familiarité ; c'est pourquoi il louait dévotement par eux le Créateur. Finalement, le sermon terminé, saint François fit sur eux le signe de la croix, et leur donna la permission de s'en aller. Alors tous ces oiseaux s'élevèrent en bande dans l'air avec des chants merveilleux ; et puis, selon la croix que saint François avait tracée sur eux, ils se divisèrent en quatre parties. Une partie vola vers l'orient, l'autre vers l'occident, la troisième vers le midi et la quatrième vers le nord. Et chaque bande allait, chantant merveilleusement. Signifiant en cela, que, comme saint François, gonfalonier de la croix du Christ, avait été leur prédicateur et avait fait sur eux le signe de la croix, suivant lequel ils s'étaient divisés en chantant vers les quatre parties du monde ; ainsi la prédication de la croix du Christ, renouvelée par saint François, devait être portée par lui et par ses frères à travers le monde ; et ces frères, comme les oiseaux, ne possédant rien en propre dans ce monde, s'en remettent du soin de leur vie à la seule providence de Dieu.

17

Comment saint François priant la nuit, un jeune frère novice vit Christ, la Vierge Marie et beaucoup de saints parlant avec lui.

Un enfant, très pur et innocent, fut reçu dans l'Ordre du vivant de saint François : il se trouvait dans un petit couvent où les frères, par nécessité, dormaient sur des nattes posées à terre : saint François vint une fois, audit couvent. Et le soir, après Complies, il s'en alla dormir, pour pouvoir se lever la nuit et prier, quand les autres frères dormiraient, comme il avait coutume de faire. Ledit enfant décida dans son cœur d'épier avec attention les pas de saint François pour pouvoir connaître sa sainteté, et spécialement de savoir ce qu'il faisait la nuit quand il se levait. Et afin de n'être pas trompé par le sommeil, cet enfant s'allongea pour dormir à côté de saint François, et noua sa corde à celle de saint François, pour le sentir quand il se lèverait ; et saint François ne s'aperçut de rien.

Mais la nuit, sur le premier sommeil, quand tous

les frères dormaient, saint François se leva et trouva sa corde ainsi nouée ; et il la dénoua si doucement, que l'enfant ne le sentit pas ; et saint François s'en alla seul dans le bois qui était près du couvent et entra dans une misérable cellule qui était là et se mit en oraison.

Quelque temps après, l'enfant se réveilla et, trouvant la corde dénouée et saint François levé, se leva aussi et partit à sa recherche. Et trouvant ouverte la porte par où on s'en allait dans le bois, il pensa que saint François était là ; et il entra dans le bois. Et arrivant près du lieu où saint François priait, il commença d'entendre un grand bruit de paroles et s'approchant davantage pour comprendre ce qu'il entendait, il vit une admirable lumière qui entourait saint François ; et dans laquelle il vit le Christ et la Vierge Marie et saint Jean-Baptiste et l'Evangéliste et une très grande multitude d'anges qui parlaient avec saint François.

L'enfant, voyant et entendant cela, tomba à terre, évanoui. Puis, quand fut achevé le mystère de cette sainte apparition, saint François retournant au couvent, trouva à ses pieds ledit enfant qui gisait comme mort sur le chemin et par compassion, il le souleva dans ses bras et le reporta au lit comme fait le bon pasteur avec sa brebis. Et puis, sachant comment il avait vu ladite vision, il lui commanda de ne jamais la révéler à personne, pendant qu'il serait vivant. Et l'enfant, croissant ensuite en grande grâce de Dieu et dévotion à saint François, fut dans l'Ordre un homme valeureux ; et seulement après la mort de saint François, il révéla aux frères ladite vision.

18

Du merveilleux chapitre que saint François tint à Sainte-Marie-des-Anges, où furent plus de cinq mille frères.

Le fidèle serviteur de Jésus-Christ, messire saint François, tint une fois un chapitre général à Sainte-Marie des Anges ; à ce chapitre se réunirent bien cinq mille frères et il y vint saint Dominique, chef et fondateur de l'ordre des frères Prêcheurs qui se rendait alors de Bourgogne à Rome. Et apprenant la réunion du chapitre que saint François faisait dans la plaine de Sainte-Marie des Anges, il l'alla voir avec sept frères de son Ordre. Il y eut encore audit chapitre un cardinal très dévoué à saint François, à qui celui-ci avait prophétisé qu'il devait être pape, et ce fut ainsi. Ce cardinal était venu avec empressement de Pérouse – où était la cour – à Assise, et chaque jour il venait voir saint François et ses frères, et quelquefois il chantait la Messe, et quelquefois il faisait un sermon aux frères en chapitre. Et ledit cardinal éprouvait très grande consolation et plaisir quand il venait visiter ce saint collège, voyant dans cette plaine autour de Sainte-Marie les frères s'asseoir en groupes ; là, quarante ; là, cent ; là, deux cents ; là, trois cents ensemble, tous occupés seulement à parler de Dieu, dans les prières, dans les larmes, dans les exercices de charité ; et ils se tenaient avec tant de silence et avec tant de modestie, qu'on n'entendait là ni bruit, ni frottement d'aucune sorte ; et s'émerveillant de voir une telle multitude, ainsi ordonnée, il disait avec larmes et avec grande dévotion : « Vraiment, c'est ici le camp et l'armée des chevaliers de Dieu ».

On n'entendait personne, dans une telle multitude parler fables, ou mensonges ; mais, partout où se réunissait un groupe de frères, ou ils faisaient oraison, ou ils disaient l'office, ou ils pleuraient leurs péchés et ceux de leurs bienfaiteurs, ou ils s'entretenaient de salut de l'âme. Et il y avait dans ce champ des abris faits de claies et de nattes, distincts par groupes, selon les frères des diverses provinces ; et pour cela, ce chapitre s'appelait le chapitre des claies ou des nattes. Leurs lits étaient la terre nue, d'autres avaient un peu de paille, les oreillers étaient une pierre ou du bois.

C'est pourquoi, quiconque les entendait ou les voyait avait pour eux tant de dévotion, et si grande était la renommée de leur sainteté, que de la cour du pape, qui était alors à Pérouse, et des autres lieux du Val de Spolète, beaucoup de comtes et de barons et de chevaliers et autres gentilshommes et beaucoup de gens du peuple et de cardinaux et d'évêques et d'abbés, avec d'autres clercs, venaient pour voir cette assemblée, si sainte, si grande et si humble, que le monde n'eut jamais tant de saints hommes réunis. Et ils venaient principalement pour voir le chef et le père très saint de toute cette sainte gent, lui qui avait enlevé au monde une si belle proie et rassemblé un si beau et si dévoué troupeau pour suivre les traces du véritable pasteur, Jésus, le Christ béni.

Tout le chapitre général étant donc réuni, le père saint, père de tous et ministre général, saint François, dans la ferveur de l'esprit, annonça la parole de Dieu et leur prêcha à haute voix ce que l'Esprit-Saint lui faisait dire. Et pour sujet du sermon, il prit ces paroles : « Mes fils, nous avons promis de grandes choses, mais bien plus grandes sont celles que Dieu nous a promises. Observons celles que nous avons promises et attendons avec certitude celles qui nous sont promises. Bref est le plaisir du monde, mais la peine qui le suit est perpétuelle. Petite est la peine de cette vie, mais la gloire de l'autre est infinie ». Et prêchant très dévotement sur ces paroles, il réconfortait et exhortait tous les frères à l'obéissance et au respect envers la sainte Mère l'Eglise, à la charité fraternelle et à prier pour tout le peuple de Dieu ; à avoir patience dans les adversités de ce monde et tempérance dans la prospérité ; à garder une pureté et une chasteté angéliques : à avoir la paix et la concorde avec Dieu et avec les hommes et avec leur propre conscience ; à aimer et à observer la très sainte pauvreté. Et ici, il dit : « Par le mérite de la sainte obéissance je vous commande, à vous tous qui êtes réunis ici, que nul de vous n'ait ni souci ni sollicitude d'aucune chose à manger ou à boire, ou des choses nécessaires au corps, mais appliquez-vous seulement à prier et à louer Dieu ; et que toute la sollicitude de votre corps, vous la lui laissiez, parce qu'il a un soin tout spécial de vous ».

Et tous, tant qu'ils étaient, ils reçurent ce commandement avec un cœur plein d'allégresse et le visage joyeux. Et le sermon de saint François terminé, ils se mirent tous en oraison. De quoi, saint Dominique, qui était présent à toutes ces choses, s'étonna fortement du commandement de saint François et le trouvait indiscret, ne pouvant penser comment une telle multitude pût se soutenir sans avoir nul souci ou sollicitude des choses nécessaires au corps. Mais le pasteur suprême, le Christ béni, voulant montrer comment il a soin de ses brebis et quel amour singulier il a pour ses pauvres, inspira aussitôt aux gens de Pérouse, de Spolète, de Foligno, de Spello et d'Assise et de tous les autres lieux d'alentour de porter à manger et à boire à cette sainte assemblée. Et soudain, voici venir desdits lieux des hommes avec des bêtes de somme, des chariots, des chargements de pain et de vin, de fèves et de fromage, et d'autres bonnes choses à manger, selon qu'il était nécessaire aux pauvres du Christ. Outre cela, ils apportaient des nappes et des cruchons et des verres et autres vases qui étaient nécessaires pour une telle multitude. Et bienheureux s'estimait qui pouvait apporter le plus de choses ou servir avec le plus d'empressement si bien que même les chevaliers, barons et autres gentilshommes qui venaient voir, les servaient avec grande humilité et dévotion.

C'est pourquoi, saint Dominique voyant ces choses et reconnaissant que vraiment la providence divine s'employait pour eux, reconnut humblement que c'est à tort qu'il avait jugé indiscret le commandement de saint François ; et s'agenouillant devant lui, il avoua humblement sa faute et ajouta : « Vraiment Dieu a un soin spécial de ces saints petits pauvres et je ne le savais pas. Et, dorénavant, je promets d'observer l'évangélique pauvreté ; et je maudis de la part de Dieu tous les frères de mon Ordre qui auront dans ledit Ordre la présomption d'avoir quelque chose en propre ». Ainsi, saint Dominique fut très édifié de la foi du très saint François et de l'obéissance et de la pauvreté d'une assemblée si grande et si bien ordonnée et de la providence divine et de la copieuse abondance de tous biens.

Dans ce même chapitre, il fut dit à saint François que beaucoup de frères portaient une sorte de chemise de crin et des cercles de fer sur les chairs ; que, à cause de cela, beaucoup en tombaient malades et que quelques-uns en mouraient, et que beaucoup en étaient empêchés de prier. De cela, en père discret, saint François commanda par la sainte obéissance, que quiconque portait cette chemise ou ces cercles de fer, les retirât et les posât devant lui. Et ainsi firent-ils. Et l'on compta bien cinq cents chemises de fer et encore plus de cercles de fer, portés aux bras et comme ceintures. Et il y en avait tant qu'ils en firent un grand tas. Et saint François les fit laisser là. Puis, le chapitre terminé, saint François les encouragea tous dans le bien et leur enseigna comment ils devaient échapper sans péché à ce monde mauvais, et, avec la bénédiction de Dieu, et la sienne, il les renvoya dans leur province, tout consolés de joie spirituelle.

19

Comment de la vigne du curé de Rieti, chez lequel pria saint François, la grande foule qui venait à lui arracha et cueillit le raisin, lequel miraculeusement donna plus de vin que jamais, comme saint François l'avait promis. Et comment Dieu révéla à saint François qu'il posséderait le Paradis à sa mort.

Saint François étant une fois gravement malade des yeux, messire Hugolin, cardinal protecteur de l'Ordre, dans la grande tendresse qu'il avait pour lui, lui écrivit de venir près de lui à Rieti où il y avait de très bons médecins des yeux. Alors saint François ayant reçu la lettre du cardinal, s'en alla d'abord à saint Damien, où était sainte Claire, très dévote épouse du Christ, pour lui donner quelques consolations et aller ensuite près du cardinal. Et saint François étant là, l'état de ses yeux empira tellement la nuit suivante, qu'il ne voyait point la lumière. Aussi, ne pouvant partir, sainte Claire lui fit une petite cellule de roseaux dans laquelle il pourrait mieux se reposer. Mais saint François, autant par la douleur du mal que par la multitude des rats qui lui causaient un très grand ennui, ne pouvait se reposer, ni de jour, ni de nuit.

Et supportant plusieurs jours cette peine et tribulation, il commença à penser et à reconnaître que cela était un fléau de Dieu pour ses péchés. Et il commença à remercier Dieu de tout son cœur et de ses lèvres ; puis il criait à haute voix, disant : « Mon Seigneur, je suis digne de cela et de bien pire encore. Mon Seigneur Jésus-Christ, bon pasteur, qui pour nous, indignes et pécheurs, as mis ta miséricorde dans les diverses peines et angoisses corporelles, accorde grâce et vertu à moi, ta petite brebis, pour que dans aucune infirmité, ni angoisse ou douleur, je ne me sépare de toi ». Et cette prière faite, une voix lui vint du ciel qui dit : « François, réponds-moi. Que toute la terre fût de l'or, et que toutes les montagnes et les collines et les pierres fussent des pierres précieuses ; et que toutes les mers et les fleuves et les sources fussent du baume ; et que tu trouvasses un autre trésor plus noble encore que ces choses, autant que l'or est plus noble que la terre, et le baume que l'eau, et les pierres précieuses que les montagnes et les pierres, et que ce plus noble trésor te fût donné pour cette infirmité, ne devrais-tu pas en être bien content et bien joyeux ? » Saint François répondit : « Seigneur, je ne suis pas digne d'un trésor aussi précieux ». Et la voix de Dieu lui dit : « Réjouis-toi, François, parce que cela est le trésor de vie éternelle que je te réserve et dont je t'investis d'ores et déjà ; et cette infirmité et affliction n'est que le gage de ce trésor bienheureux ».

Alors saint François, dans la très grande joie d'une si glorieuse promesse, appela son compagnon et lui dit : « Allons chez le cardinal ». Et consolant tout d'abord sainte Claire avec de saintes paroles, il prit humblement congé d'elle et s'achemina vers Rieti. Et quand il y arriva, une telle multitude de gens vint à sa rencontre, qu'il ne voulut pas pour cette raison entrer dans la ville ; mais il se rendit à une église qui était à deux milles environ près de là. Mais les citadins, sachant qu'il était dans ladite église, accoururent en tant de groupes pour le voir que la vigne de ladite église en était toute abîmée et tout le raisin en était cueilli. De quoi, le prêtre fut fort peiné dans son cœur, se repentant d'avoir reçu saint François dans son église.

La pensée du prêtre étant révélée par Dieu à saint François, il le fit appeler et lui dit « Mon très cher père, combien de charges de vin te rapporte cette vigne par an, quand elle rapporte le mieux ? » Le prêtre répondit : « Douze charges ». Saint François dit : « Je te prie, père, de supporter avec patience que je demeure ici quelques jours, parce que j'y trouve beaucoup de repos ; et laisse toute personne prendre du raisin de cette vigne qui est à toi, pour l'amour de Dieu et de moi, petit pauvre ; et je te promets de la part de mon Seigneur Jésus-Christ qu'elle te rapportera vingt charges cette année ». Et Saint François faisait cela, de demeurer en ce lieu, pour le grand fruit que l'on voyait se faire dans les âmes des gens qui y venaient ; dont beaucoup s'en retournaient enivrés de l'amour divin et abandonnaient le monde. Le prêtre se confia à la promesse de saint François et laissa librement la vigne à ceux qui venaient à lui. Chose merveilleuse ! La vigne fut toute abîmée et cueillie ; c'est à peine s'il s'y ramassa encore quelques grappillons. Vint le temps de la vendange : le prêtre cueille ces grappillons, et les met dans la cuve et les presse ; et selon la promesse de saint François, il récolte vingt charges de très bon vin. Manifestement, ce miracle nous fait comprendre que, de même que par les mérites de saint François la vigne dépouillée de raisins était abondante en vin, ainsi le peuple chrétien, stérile en vertus par le péché, abondait souvent en bons fruits de pénitence par les mérites et la doctrine de saint François.

20

D'une très belle vision que vit un jeune frère, lequel avait en une telle abomination le froc qu'il était prêt à laisser l'habit et à sortir de l'Ordre.

Un jeune homme très noble et délicat vint à entrer dans l'Ordre de saint François ; et après quelques jours, à l'instigation du démon, il commença à avoir tant d'abomination pour l'habit qu'il portait, qu'il lui paraissait porter un sac très vil. Il avait les manches en horreur, il abominait le capuchon, et la longueur et la rudesse lui paraissaient une charge insupportable. Son mécontentement de l'Ordre venant même à croître, il décida de laisser l'habit et de retourner dans le monde.

Il avait déjà pris pour coutume, comme le lui avait enseigné son maître, à quelque heure qu'il passât devant l'autel du couvent dans lequel se conservait le Corps du Christ, de s'agenouiller avec grand respect, de tirer son capuchon et de s'incliner, mettant ses bras en forme de croix. Il advint que cette nuit, où il devait partir et sortir de l'Ordre, il lui fallut passer devant l'autel du couvent ; et en y passant, il s'agenouilla selon la coutume et fit la révérence. Et subitement il fut ravi en esprit, et Dieu lui montra une merveilleuse vision ; car il vit passer devant lui, comme en procession, deux à deux, une multitude presque infinie de saints, tous vêtus de très beaux et précieux vêtements de drap fin ; et leur visage et leurs mains resplendissaient comme au soleil, et ils allaient avec des chants et une musique angéliques. Parmi ces saints, il y en avait deux plus noblement vêtus et parés que tous les autres ; et ils étaient entourés d'une telle clarté qu'ils donnaient à qui les regardait un très grand étonnement. Et presque à la fin de la procession, il en vit un orné de tant de gloire, qu'il paraissait un nouveau chevalier, plus honoré que les autres.

Ledit jeune homme, voyant cette vision, s'émerveillait et ne savait pas ce que cette procession voulait dire ; il n'était pas assez hardi pour le demander, et demeurait stupéfait par la douceur. Néanmoins, toute la procession passée, celui-ci pourtant, prend courage et court aux derniers ; avec une très grande crainte, il demande : « Ô mes très chers, je vous prie qu'il vous plaise de me dire qui sont ces hommes si merveilleux qui forment cette procession vénérable ». Ceux-ci répondent : « Sache, mon fils, que nous sommes tous des frères mineurs, qui venons maintenant de la gloire du paradis ». Et celui-là demande : « Qui sont ces deux qui resplendissent plus que les autres ? » Ceux-ci répondent : « Ce sont saint François et saint Antoine. Et ce dernier, que tu vois ainsi honoré est un saint frère qui mourut dernièrement ; parce qu'il a combattu vaillamment contre les tentations et persévéra jusqu'à la fin, nous le menons maintenant avec triomphe à la gloire du paradis. Et ces vêtements de drap si beaux que nous portons, nous sont donnés par Dieu en échange des rudes tuniques que nous avons portées avec patience dans la religion et la glorieuse clarté que tu vois en nous, nous est donnée par Dieu pour l'humble pénitence et pour la sainte pauvreté et l'obéissance et la chasteté, que nous avons servies jusqu'à la fin. C'est pourquoi, mon fils, qu'il ne te soit plus dur de porter le sac si fructueux de la religion ; parce que, si avec le sac de saint François pour l'amour du Christ, tu méprises le monde et tu mortifies la chair et combats valeureusement contre le démon, tu auras avec nous et comme nous semblable vêtement et clarté de gloire ». Et ces paroles dites, le jeune homme fit retour sur lui-même ; et réconforté par la vision, il chassa de lui toutes les tentations et reconnut sa faute devant le gardien et devant les autres frères. Et depuis lors il désira la rudesse de la pénitence et des vêtements et il finit sa vie dans l'Ordre en grande sainteté.

21

Du très saint miracle que fit saint François lorsqu'il convertit le très féroce loup d'Agobio.

Au temps où saint François demeurait dans la ville d'Agobio, apparut un très grand loup, terrible et féroce, qui dévorait non seulement les animaux, mais aussi les hommes ; en sorte que tous les habitants étaient dans une grande peur, parce qu'il s'approchait souventefois de la ville. Et tous allaient armés quand ils sortaient des terres, comme s'ils allaient au combat ; et malgré tout cela, qui le rencontrait seul ne pouvait se défendre de lui. Et par peur de ce loup ils en vinrent au point que personne n'était assez hardi pour sortir hors de la ville. C'est pourquoi saint François ayant compassion des hommes de la ville, voulut sortir face à ce loup, bien que les habitants le lui déconseillassent tout à fait : et ayant fait le signe de la sainte croix, il sortit hors de la ville, lui et ses compagnons, mettant en Dieu toute sa confiance. Et les autres, hésitant à aller plus loin, saint François prend le chemin vers le lieu où était le loup. Et voici que, devant beaucoup d'habitants qui étaient venus voir ce miracle, ledit loup alla à la rencontre de saint François, la gueule ouverte ; et saint François s'approchant de lui, fit sur lui le signe de la croix, l'appela à lui et lui parla ainsi : « Viens ici, frère loup, je te commande de la part du Christ de ne faire de mal ni à moi, ni à personne ». Admirable à dire ! Aussitôt que saint François eut tracé la croix, le terrible loup ferma la gueule et cessa de courir. Et, le commandement fait, il vint paisiblement comme un agneau, se jeter couché aux pieds de saint François.

Alors saint François lui parla ainsi : « Frère loup, tu fais beaucoup de dommages en ces endroits, et tu as commis de très grands méfaits, abîmant et tuant les créatures de Dieu sans sa permission. Et non seulement tu as tué et dévoré les bêtes, mais tu as eu la hardiesse de tuer et d'abîmer les hommes faits à l'image de Dieu ; pour cela tu mérites les fourches comme un voleur et un assassin très méchant et tout le monde crie et murmure contre toi, et toute cette contrée t'a en inimitié. Mais je veux, frère loup, faire la paix entre toi et ceux-ci, que tu ne les offenses plus, et qu'ils te pardonnent chaque offense passée, et ni les hommes, ni les chiens ne te persécuteront plus ». Ces paroles dites, le loup, par les mouvements de son corps, de sa queue et de ses oreilles et en inclinant la tête montrait qu'il acceptait ce que saint François disait et qu'il voulait l'observer. Alors saint François dit : « Frère loup, puisqu'il te plaît de faire et de tenir cette paix, je te promets de te faire donner toujours ce qu'il te faut, tant que tu vivras, par les hommes de cette ville, et ainsi tu ne pâtiras plus de la faim, car je sais bien que c'est la faim qui t'a fait commettre tout ce mal. Mais puisque je t'obtiendrai cette grâce, je veux, frère loup, que tu me promettes de ne plus jamais nuire à aucun homme, ni à aucun animal. Me promets-tu cela ? » Et le loup, en inclinant la tête, fit le signe évident qu'il promettait. Et saint François dit : « Frère loup, je veux que tu me fasses foi de cette promesse, afin que je puisse m'y fier ». Et saint François étendant la main pour recevoir sa foi, le loup leva sa patte droite de devant et la posa familièrement sur la main de saint François, lui donnant ainsi le signe de foi qu'il pouvait. Alors saint François dit : « Frère loup, je te commande, au nom de Jésus-Christ, de venir avec moi maintenant, sans rien craindre ; et nous allons conclure cette paix au nom de Dieu ». Et le loup obéissant s'en vint avec lui comme un doux agneau. Ce que voyant, les habitants s'émerveillèrent grandement. Et subitement cette nouveauté se sut par toute la ville ; aussi, tout le monde, grands et petits, hommes et femmes, jeunes et vieux furent attirés vers la place pour voir le loup avec saint François.

Et tout le peuple y étant réuni, saint François se leva, et prêcha, leur disant entre autres choses comment pour leurs péchés Dieu permettait de tels fléaux ; « La flamme de l'enfer, qui doit durer éternellement pour les damnés, est beaucoup plus dangereuse que ne l'est la rage du loup, qui ne peut tuer que le corps ; combien donc est à craindre la bouche de l'enfer quand la gueule d'un petit animal tient une telle multitude dans la peur et la terreur. Tournez-vous donc vers Dieu, mes bien-aimés, faites pénitence de vos péchés, et Dieu vous délivrera du loup dans le présent, et dans le futur, du feu éternel ».

Et la prédication terminée, saint François dit :

« Ecoutez mes frères : frère loup qui est ici devant vous, m'a promis, et il m'en a donné sa foi, de faire la paix avec vous et de ne jamais plus vous offenser en rien, si vous lui promettez de lui donner chaque jour ce qui lui est nécessaire. Et moi je me porte garant pour lui qu'il observera fermement le pacte de la paix ».

Alors tout le peuple d'une seule voix promit de toujours le nourrir. Et saint François dit au loup devant tout le peuple : « Et toi, frère loup, promets-tu d'observer avec ceux-ci les accords de paix, que tu n'offenseras plus ni les animaux, ni les hommes, ni aucune créature ». Et le loup s'agenouille, incline la tête, et par de doux mouvements du corps et du cou et des oreilles, démontre autant qu'il lui est possible, de vouloir observer avec eux chaque condition du pacte. Saint François dit : « Frère loup, je veux que, comme tu m'as donné, hors des portes, foi de cette promesse, ainsi, devant tout le peuple, tu me donnes foi de ta promesse et que tu ne me tromperas pas dans la garantie que j'ai donnée pour toi ». Alors le loup, levant la patte droite, la pose dans la main de saint François. Aussi, pour cet acte et les autres dits ci-dessus, il y eut tant d'admiration et d'allégresse dans tout le peuple, tant pour la dévotion du saint et pour la nouveauté du miracle et pour la paix du loup, que tous commencèrent à crier vers le ciel, louant et bénissant Dieu de leur avoir envoyé saint François qui par ses mérites les avait délivrés de la gueule de la bête cruelle.

Ledit loup vécut ensuite deux années à Agobio ; et il entrait familièrement dans les maisons, de porte à porte, sans faire de mal à personne et sans qu'il lui en soit fait ; et il fut courtoisement nourri par les habitants ; et s'en allant ainsi par la ville et par les maisons, jamais aucun chien n'aboyait après lui. Finalement, après deux années, frère loup mourut de vieillesse. Ce dont les habitants eurent beaucoup de douleur ; car, en le voyant aller ainsi paisible par la ville, ils se rappelaient mieux la vertu et la sainteté de saint François.

22

Comment saint François apprivoisa les tourterelles sauvages.

Un jeune homme avait pris un jour un grand nombre de tourterelles et les portait à vendre. Saint François, qui avait une singulière pitié pour les animaux paisibles, le rencontra et, regardant ces tourterelles avec compassion, dit à ce jeune homme : « Ô bon jeune homme, je t'en prie, donne-moi ces tourterelles, afin que ces oiseaux aussi doux et innocents, qui sont dans la sainte Ecriture assimilés aux âmes chastes, humbles et fidèles ne tombent aux mains de gens cruels qui les tueront ». Aussitôt, celui-ci, inspiré de Dieu, les donna toutes à saint François. Et lui, les recevant dans son sein, commença à leur parler doucement : « Ô mes sœurs, tourterelles simples, innocentes et chastes, pourquoi vous laissez-vous prendre ? Voici que je veux maintenant vous sauver de la mort, et vous faire des nids, afin que vous fassiez du fruit et que vous vous multipliiez, selon le commandement de Dieu, votre Créateur ».

Et saint François s'en fut, et à toutes il fit des nids. Et elles, en usant, commencèrent à pondre et à couver devant les frères ; et elles allaient et vivaient aussi familièrement avec saint François et avec les autres frères, que si elles avaient été des poules toujours nourries par eux. Et jamais, elles ne partirent jusqu'à ce que saint François avec sa bénédiction leur en eût donné la permission.

Et au jeune homme qui les lui avait données, saint François dit : « Mon fils, tu seras aussi frère dans cet Ordre, et tu serviras gracieusement Jésus-Christ ». Et il en fut ainsi : car ledit jeune homme se fit frère, et vécut dans l'Ordre en grande sainteté.

23

Comment saint François libéra un frère que le démon induisait au péché.

Saint François étant une fois en oraison dans le couvent de la Portioncule, il vit, par une divine révélation, tout le couvent entouré et assiégé par des démons comme par une grande armée. Mais aucun d'eux pourtant ne pouvait entrer dans le couvent, car les frères étaient d'une telle sainteté que les démons n'avaient pas où s'accrocher. Mais néanmoins, persévérant ainsi, un de ces frères s'indigna contre un autre, et cherchait dans son cœur comment il pourrait l'accuser et se venger de lui. Et parce qu'il était dans cette mauvaise pensée, le démon ayant l'entrée ouverte, pénétra dans le couvent et se posa sur le cou de ce frère.

Le zélé pasteur qui veillait toujours sur son troupeau, voyant que le loup était entré pour dévorer sa brebis, fit aussitôt appeler ce frère et lui commanda de lui découvrir tout de suite la haine venimeuse qu'il avait conçue contre son prochain et qui l'avait mis entre les mains de l'ennemi. Epouvanté, parce qu'il se voyait compris du père saint, le frère découvrit tout le venin de sa rancœur, et reconnut sa faute en demandant humblement pénitence et miséricorde.

Et cela fait, dès qu'il fut absous de son péché et qu'il eut reçu sa pénitence, le démon s'enfuit aussitôt devant saint François. Et le frère, libéré des mains de la cruelle bête par la bonté du bon pasteur, remercia Dieu et, retournant corrigé et instruit au troupeau du saint pasteur, vécut ensuite en grande sainteté.

A la louange du Christ béni. Amen.

24

Comment saint François convertit à la foi du Christ le Soudan de Babylone.

Saint François, poussé par le zèle de la foi du Christ et le désir du martyre, alla une fois outremer avec douze de ses saints compagnons, pour se rendre tout droit près du sultan de Babylone. Et arrivant dans une contrée des Sarrasins, où les passages étaient gardés par certains hommes si cruels, qu'aucun des chrétiens qui vint à y passer ne pouvait échapper à la mort, il plut à Dieu qu'ils ne furent pas mis à mort, mais pris, battus et liés et menés devant le Sultan. Et étant devant lui, saint François, instruit par l'Esprit-Saint, prêcha si divinement la foi du Christ que pour elle aussi, il voulait entrer dans le feu. Aussi, le Sultan commença-t-il à avoir une grande dévotion pour lui, tant pour la constance de sa foi, que pour le mépris du monde qu'il voyait en lui ; parce que, bien qu'étant très pauvre, il ne voulait recevoir aucun don de lui ; et aussi pour la ferveur du martyre qu'il voyait en lui. Et pour cela, le Sultan l'écoutait volontiers, le pria de revenir le voir, souventefois, lui accordant à lui et à ses compagnons de pouvoir prêcher librement partout où il leur plairait. Et il leur donna un signe par lequel ils ne pouvaient être offensés de personne. Ayant donc reçu cette liberté, saint François choisit ses compagnons et les envoya deux à deux, dans les diverses régions des Sarrasins pour y prêcher la foi du Christ ; et lui, avec l'un d'eux, choisit une contrée et, y arrivant, il entra dans une auberge pour se reposer.

Or, dans ce lieu était une femme très belle de corps, mais à l'âme perverse : cette femme maudite poussa saint François au péché. Et saint François lui dit : « J'accepte, allons au lit ». Et elle le mena dans la chambre. Saint François dit : « Viens avec moi, je te mènerai à un lit bien plus beau ». Et il la mena à un très grand feu qui se faisait dans cette maison ; et dans la ferveur de l'esprit il se dépouilla tout nu, et se jeta à côté de ce feu sur l'espace embrasé ; et il invita celle-ci à se dépouiller et à se coucher avec lui sur ce beau lit de plumes. Et saint François demeurant ainsi longtemps avec un visage joyeux, sans être brûlé, et ne bronzant point, cette femme épouvantée par un tel miracle, le cœur plein de componction, non seulement se repentit de son péché et de sa mauvaise intention, mais se convertit aussi parfaitement à la foi du Christ et devint d'une telle sainteté que par elle beaucoup d'âmes se sauvèrent dans cette contrée.

A la fin, saint François, voyant qu'il ne pourrait faire plus de fruits dans ces régions, se disposa, par révélation divine, à retourner parmi les fidèles avec tous ses compagnons ; et les ayant réunis tous ensemble, il retourna vers le Sultan et prit congé de lui. Alors le Sultan lui dit : « François, je me convertirai volontiers à la foi du Christ, mais je crains de le faire maintenant, parce que si les gens d'ici le savaient, ils me tueraient avec toi et tous tes compagnons. Et comme tu peux faire encore beaucoup de bien, et que j'ai à expédier certaines affaires de très grande importance, je ne veux pas maintenant pousser à ta mort et à la mienne ; mais enseigne-moi pour que je puisse me sauver et je suis prêt à faire ce que tu m'imposeras ». Saint François dit alors : « Seigneur, je vais maintenant vous quitter ; mais ensuite quand je serai retourné dans mon pays, et que je serai allé au ciel par la grâce de Dieu, après ma mort, je t'enverrai, selon qu'il plaira à Dieu, deux de mes frères de qui tu recevras le baptême du Christ et tu seras sauvé, comme me l'a révélé mon Seigneur Jésus-Christ. Et toi, pendant ce temps, dégage-toi de tout embarras, afin que, quand viendra à toi la grâce de Dieu, elle te trouve préparé à la foi et à la dévotion ». Le Sultan promit de le faire, et il le fit.

Cela fait, saint François s'en retourna avec le vénérable collège de ses saints compagnons et quelques années plus tard saint François, par la mort corporelle, rendit son âme à Dieu. Et le Sultan, étant tombé malade, attendit la promesse de saint François et fit mettre des gardes à certains passages, ordonnant que si deux frères, en habit de saint François, venaient à s'y montrer, ils fussent de suite menés vers lui. En ce même temps, saint François apparut à deux frères et leur commanda d'aller sans retard près du Sultan et de lui procurer son salut selon que lui-même le lui avait promis. Les frères se mirent à l'instant même en chemin, et passant la mer, ils furent par lesdits gardes menés près du Sultan. Et en les voyant, le Sultan eut une très grande joie et dit :

« Maintenant je sais vraiment que Dieu a envoyé ses serviteurs vers moi pour mon salut, selon la promesse que, par révélation divine, me fit saint François ». Recevant donc desdits frères les enseignements de la foi du Christ et le saint baptême, ainsi régénéré dans le Christ, il mourut de cette maladie, et son âme fut sauvée par les mérites et les prières de saint François.

25

Comment saint François guérit miraculeusement un lépreux de l'âme et du corps ; et ce que cette âme lui dit en montant au ciel.

Le vrai disciple du Christ messire saint François, vivant dans cette misérable vie, s'appliquait avec tout son cœur, à suivre le Christ, maître parfait : d'où il advenait souventefois, par opération divine, que Dieu guérissait à la même heure l'âme de celui dont il guérissait le corps, ainsi qu'il est lu du Christ. Et parce que non seulement il servait volontiers les lépreux, mais qu'il avait en outre ordonné aux frères de son Ordre, allant ou demeurant par le monde, de servir les lépreux pour l'amour du Christ, qui voulut pour nous être considéré comme un lépreux. Il advint une fois que, dans un couvent près de celui où demeurait alors saint François, les frères servaient dans un hôpital les lépreux et les malades ; or, il y avait là un lépreux si impatient, si insolent et si insupportable, que chacun croyait, – ce qui était certain, – qu'il était possédé par le démon, parce qu'il outrageait de paroles et battait d'une façon si inconvenante quiconque le servait, et, ce qui était pire, il blasphémait si honteusement le Christ et sa très sainte Mère, qu'il ne se trouvait en aucune façon quelqu'un qui voulût ou qui pût le servir. Et bien que les frères fassent effort de porter patiemment, pour accroître le mérite de la patience, les injures et les vilenies personnelles, néanmoins, leur conscience ne pouvant supporter les injures faites au Christ et à sa Mère, ils décidèrent d'abandonner tout à fait ledit lépreux ; mais ils ne voulurent pas le faire sans en avoir donné toute la signification, avec ordre, à saint François qui demeurait alors dans un couvent près de là.

Dès qu'ils l'eurent prévenu, saint François s'en va vers ce lépreux pervers ; et arrivant à lui, le salua, disant : « Dieu te donne la paix, mon frère très cher ». Le lépreux répond en grondant : « Et quelle paix puis-je avoir de Dieu qui m'a enlevé la paix et tout bien et qui m'a fait tout pourri et fétide ? » Et saint François : « Mon fils, prends patience, parce que les infirmités des corps nous sont données par Dieu en ce monde pour le salut de l'âme, parce qu'elles sont d'un grand mérite quand elles sont portées avec patience ». L'infirme répond : « Et comment puis-je porter avec paix la peine continuelle qui m'afflige le jour et la nuit ? Et non seulement je suis affligé de mon infirmité, mais pire me font les frères que tu m'as donnés pour me servir et ne me servent pas comme ils le doivent ». Alors saint François, connaissant par révélation que ce lépreux était possédé de l'esprit malin, s'en alla, et se mit en oraison et pria Dieu dévotement pour lui.

Et l'oraison faite, il retourna vers lui et lui parla ainsi : « Mon fils, je veux te servir, moi, puisque tu n'es pas content des autres ». « Cela me plaît », dit l'infirme ; « mais que pourras-tu me faire de plus que les autres ? » Saint François répond : « Ce que tu voudras, je te le ferai ». L'infirme dit : « Je veux que tu me laves tout entier, car je sens si mauvais que je ne peux me souffrir moi-même ». Alors saint François fit de suite chauffer de l'eau avec beaucoup d'herbes odoriférantes ; puis il déshabille celui-ci et commence à le laver de ses mains ; et un autre frère versait l'eau. Et par miracle et divine vertu, là où saint François touchait de ses saintes mains, la lèpre s'en allait et la chair redevenait parfaitement saine. Et comme la chair commença à guérir, ainsi l'âme commença à guérir. Aussi, le lépreux se voyant commencer à guérir, commença à avoir grande componction et se repentant de ses péchés se mit à pleurer très amèrement, en sorte que, tandis que le corps se purifiait au dehors l'âme se purifiait au dedans, du péché, par la contrition et par les larmes. Et étant parfaitement guéri quant au corps et quant à l'âme, il fit sa coulpe humblement, et, en pleurant, disait à haute voix : « Malheur à moi, qui suis digne de l'enfer pour les vilenies et les injures que j'ai faites et que j'ai dites aux frères, et pour l'impatience et les blasphèmes que j'ai eus contre Dieu ». Et ainsi, quinze jours, il persévéra à pleurer amèrement ses péchés et à en demander miséricorde à Dieu, se confessant entièrement au prêtre. Et saint François, voyant ainsi un miracle si manifeste que Dieu avait opéré par ses mains, remercia Dieu, et partit ensuite ; il s'en alla dans un pays très éloigné du couvent ; car, par humilité, il voulait fuir toute gloire du monde et en toutes ses œuvres, il cherchait seulement l'honneur et la gloire de Dieu et non pas la sienne. Puis, comme il plut à Dieu, ledit lépreux, guéri du corps et de l'âme, après les quinze jours de sa pénitence, fut atteint d'une autre maladie ; et armé des sacrements de l'Eglise, il mourut saintement et son âme alla au paradis.

En signe de ce fait, elle apparut dans les airs à saint François qui se trouvait dans un bois en oraison et lui dit : « Me reconnais-tu ? » « Qui es-tu ? », dit saint François. Et il répondit : « Je suis le lépreux, que le Christ béni guérit par tes mérites et aujourd'hui je vais à la vie éternelle : de quoi je rends grâces à Dieu et à toi. Bénis soient ton âme et ton corps et bénies tes paroles et tes œuvres ; parce que, par toi, beaucoup d'âmes se sauveront dans le monde. Et sache qu'il n'est pas de jour au monde où les saints anges et les autres saints ne remercient Dieu des saints fruits que toi et ton Ordre font dans les diverses parties du monde. Pour cela, prends courage et remercie Dieu et demeure avec sa bénédiction ». Et ces paroles dites, il s'en alla au ciel, et saint François resta très consolé.

26
———————

Comment saint François convertit trois brigands meurtriers qui se firent frères ; et de la noble vision que vit l'un d'eux, lequel fut un très saint frère.

Saint François alla une fois sur le district de Borgo san Sepolcro, et passant par un bourg qui s'appelait Monte Casale, un jeune homme noble et très délicat vint à lui et lui dit : « Père, je voudrais très volontiers être de vos frères ». Saint François répondit : « Mon fils, tu es très jeune, délicat et noble ; peut-être ne pourras-tu pas supporter notre pauvreté et notre rigueur ».

Il répondit : « Père, n'êtes-vous pas des hommes comme moi ? » « Donc, puisque vous la supportez, ainsi, je la supporterai avec la grâce du Christ ». Cette réponse plut beaucoup à saint François ; aussi, le bénissant, il le reçut aussitôt dans l'Ordre, et lui donna le nom de frère Ange. Et ce jeune homme se comporta si gracieusement que, peu de temps après, saint François le fit gardien là, dans le couvent dudit Monte Casale.

En ce temps-là, trois fameux larrons fréquentaient la contrée et faisaient beaucoup de mal dans le pays ; ils vinrent un jour audit couvent des frères et prièrent ledit frère Ange, gardien, de leur donner à manger. Et le gardien leur répondit de cette façon, les reprenant rudement : « Vous, voleurs et cruels homicides, vous n'avez pas honte de voler le fruit des fatigues d'autrui ; mais aussi, comme des présomptueux et des effrontés, vous voulez dévorer les aumônes qui sont envoyées aux serviteurs de Dieu ; vous qui n'êtes même pas dignes que la terre vous porte, parce que vous n'avez aucun respect ni pour les hommes, ni pour Dieu qui vous a créés ; allez donc à vos affaires et ne paraissez plus ici ». De cela, ceux-ci furent troublés et partirent avec grande indignation.

Et voici que saint François revint du dehors avec une besace de pain et un petit vase de vin qu'il avait mendiés avec son compagnon ; et le gardien lui rapportant comment il avait chassé ceux-là, saint François le reprit fortement, lui disant qu'il s'était comporté avec cruauté : « Car les pécheurs reviennent mieux à Dieu par la douceur que par de dures réprimandes ; voilà pourquoi notre maître Jésus-Christ, dont nous avons promis d'observer l'Evangile dit que ce ne sont pas les bien portants qui ont besoin du médecin mais les malades ; et qu'il n'est pas venu appeler les justes, mais les pécheurs à la pénitence ; et pour cela, souventefois il mangeait avec eux. Puisque tu as fait cela contre la charité et contre le saint Evangile du Christ, je te commande par la sainte obéissance que, tout de suite, tu prennes cette besace de pain que j'ai mendié et ce petit vase de vin, et va après eux promptement par monts et par vaux jusqu'à ce que tu les trouves, et présente-leur tout ce pain et ce vin de ma part, et puis agenouille-toi devant eux, et dis-leur humblement ta faute, la faute de ta cruauté ; et puis, prie-les de ma part qu'ils ne fassent plus de mal, mais qu'ils craignent Dieu et n'offensent plus le prochain ; et lorsqu'ils feront cela, je leur promets de subvenir à tous leurs besoins et de leur donner continuellement à manger et à boire. Et quand tu leur auras dit cela, reviens ici humblement ». Pendant que ledit gardien allait accomplir le commandement de saint François, lui, se mit en oraison, et pria Dieu qu'il adoucît les cœurs de ces voleurs et qu'il les convertît à la pénitence.

Le gardien obéissant rejoint les voleurs et leur présente le pain et le vin, et il fait ce que saint François lui avait commandé. Et comme il plut à Dieu, ces voleurs, tout en mangeant l'aumône de saint François commencèrent à dire entre eux : « Malheur à nous, misérables infortunés ! Comme sont dures les peines de l'enfer qui nous attendent, nous qui allons non seulement volant le prochain et le battant et le blessant, mais aussi le tuant ; et néanmoins, de tant de maux et de choses aussi scélérates que nous faisons, nous n'avons aucun remords de conscience, aucune crainte de Dieu. Et voici, ce saint frère est venu à nous et pour plusieurs paroles qu'il nous a dites justement pour notre malice, nous a humblement avoué sa faute, et, outre cela, il nous a apporté le pain et le vin et aussi la libérale promesse du père saint. Vraiment ces frères sont des saints de Dieu, qui méritent le paradis ; et nous sommes des fils de l'éternelle perdition, qui méritons les peines de l'enfer ; et chaque jour, nous aggravons notre perdition ; et nous ne savons pas si des péchés que nous avons faits jusqu'ici, nous pourrons trouver miséricorde de Dieu ».

L'un d'eux disant ces paroles et d'autres semblables, les deux autres lui dirent : « Certes, tu dis la vérité, mais voilà, que devons-nous faire ? » « Allons, – dit celui-ci – à saint François, et si lui, nous donne l'espérance que nous pouvons trouver pour nos péchés, miséricorde auprès de Dieu, faisons ce qu'il commande ; et puissions-nous libérer nos âmes des peines de l'enfer ». Ce conseil plut aux autres ; et ainsi, tous les trois étant d'accord, ils s'en viennent à saint François et lui parlent ainsi : « Père, pour beaucoup de méchancetés et de péchés que nous avons commis, nous ne croyons pas pouvoir trouver miséricorde auprès de Dieu, mais si tu as quelque espérance que Dieu nous reçoive en sa miséricorde, voici que nous sommes prêts à faire ce que tu nous commanderas et de faire pénitence avec toi ». Alors saint François, les recevant charitablement et avec bonté, les réconforta par beaucoup d'exemples et les assura de la miséricorde de Dieu ; il leur promit de la solliciter certainement de Dieu, leur montrant comment la miséricorde de Dieu est infinie : « Et que nous eussions des péchés infinis, la miséricorde de Dieu est encore plus grande et, selon l'Evangile et l'Apôtre saint Paul, le Christ béni vint en ce monde pour racheter les pécheurs ».

Par ces paroles et de semblables enseignements, lesdits trois larrons renoncèrent au démon et à ses œuvres ; et saint François les reçut dans l'Ordre. Et ils commencèrent à faire grande pénitence ; et deux d'entre eux vécurent peu après leur conversion et s'en allèrent au paradis. Mais le troisième survivant et repensant à ses péchés, se mit à faire une telle pénitence, que pendant quinze ans continus, excepté les carêmes communs qu'il faisait avec les autres frères, le reste du temps il jeûnait toujours trois jours par semaine au pain et à l'eau ; et il allait toujours nu-pieds et avec une seule tunique sur le dos, et il ne dormait jamais après Matines. Entre temps, saint François passa de cette misérable vie.

Celui-là, ayant donc continué une telle pénitence pendant plusieurs années, voici qu'une nuit après Matines, il lui vint un tel besoin de sommeil, qu'il ne pouvait en aucune façon y résister et veiller comme il en avait l'habitude. Finalement, ne pouvant plus résister au sommeil, ni prier, il s'en alla sur le lit pour dormir. Et aussitôt qu'il y eut posé la tête, il fut ravi et mené en esprit sur une très haute montagne où était un ravin très profond et çà et là des pierres brisées et escarpées et des rochers de diverses hauteurs qui sortaient en dehors les uns des autres, de sorte que l'aspect de ce ravin était effrayant à regarder. Et l'ange qui menait ce frère le poussa et le jeta en bas dans ce ravin ; et lui se heurtant et se frappant de pierre en pierre et de rocher en rocher, arriva enfin au fond de ce ravin tout démembré et rompu, lui semblait-il. Et gisant ainsi à terre en mauvais état, celui qui le menait lui dit : « Lève-toi, car il te faut faire encore un grand voyage ». Le frère lui répondit : « Tu me parais un homme indiscret et cruel ; toi qui me vois prêt à mourir de la chute qui m'a ainsi brisé et qui me dis : Lève-toi ». Et l'ange s'approche de lui et le touchant, lui remit parfaitement tous les membres et le guérit. Puis il lui montre une grande plaine remplie de pierres aiguës et tranchantes, d'épines et de ronces.

Et il lui dit qu'il lui faut passer par toute cette plaine, les pieds nus, jusqu'à ce qu'il arrive au bout où il voyait une fournaise ardente dans laquelle il lui fallait entrer.

Le frère ayant passé à travers toute cette plaine avec grande angoisse et avec peine, l'ange lui dit : « Entre dans cette fournaise, parce qu'ainsi il convient de faire ». Celui-là répondit : « Hélas, combien tu m'es un guide cruel, toi qui me vois être presque mort pour avoir traversé cette plaine angoissante, et maintenant pour repos tu me dis d'entrer dans cette fournaise ardente ! » Et regardant, celui-ci vit autour de la fournaise beaucoup de démons avec des fourches de fer en mains avec lesquelles ils le poussèrent dedans subitement, parce qu'il hésitait à y entrer.

Lorsqu'il fut entré dans la fournaise, regardant, il y vit un homme qui avait été son compère et qui brûlait tout entier. Et il lui demande : « Ô compère malheureux, comment es-tu venu ici ? » Et il répondit : « Va là un peu plus avant et tu trouveras ma femme, ta commère, qui te dira la cause de notre damnation ». Le frère allant plus au-delà, voici qu'il vit apparaître ladite commère toute embrasée et enfermée dans une mesure à grains toute en feu. Et il lui demande : « Ô commère, misérable et infortunée, pourquoi vins-tu dans un si cruel tourment ? » Et elle répondit : « Parce qu'au temps de la grande famine que saint François prédît auparavant, mon mari et moi avions falsifié le grain et l'avoine que nous vendions dans la mesure, et pour cela je brûle resserrée dans cette mesure ».

Et ces paroles dites, l'ange qui menait ce frère, le poussa hors de la fournaise et puis lui dit : « Prépare-toi à faire un horrible voyage que tu as à accomplir ». Et celui-ci, se plaignant, disait : « Ô très dur conducteur, qui n'as pour moi nulle compassion ! Tu vois que je suis presque tout brûlé dans cette fournaise, et tu veux aussi me mener dans un voyage périlleux et horrible ». Alors l'ange le toucha et le rendit sain et fort. Et puis il le mena à un pont que l'on ne pouvait passer sans grand danger ; parce qu'il était très mince et étroit et très glissant et sans parapets de côtés ; et dessous passait un fleuve terrible, plein de serpents et de dragons et de scorpions et qui répandait une très mauvaise odeur. Et l'ange lui dit : « Passe ce pont, car il te faut le passer entièrement ». L'autre répond : « Et comment pourrai-je passer, que je ne tombe dans ce fleuve dangereux ? » L'ange lui dit : « Viens après moi, et pose ton pied où tu verras que je poserai le mien, et ainsi tu passeras bien ». Ce frère passe derrière l'ange, comme il le lui avait enseigné, jusqu'à ce qu'il arrive au milieu du pont. Et étant ainsi au milieu du pont, l'ange s'envola ; et, le quittant, il s'en alla sur une très haute montagne fort loin de ce pont. Et celui-là considéra bien le lieu où l'ange s'était envolé ; mais demeurant sans guide et regardant en bas, il voyait ces terribles animaux tenir leurs têtes hors de l'eau et leurs gueules ouvertes, prêtes à le dévorer s'il tombait : et il était dans une telle crainte qu'en aucune façon il ne savait que faire, ni que dire ; parce qu'il ne pouvait ni retourner en arrière, ni aller de l'avant. Aussi, se voyant dans une telle tribulation et qu'il n'avait d'autre refuge que Dieu seul, il se baissa et embrassa le pont, et de tout son cœur et avec larmes, il se recommanda à Dieu afin que par sa très sainte miséricorde, il daignât le secourir. Et la prière faite, il lui parut qu'il commençait à lui pousser des ailes ; aussi, avec grande joie, il attendait qu'elles grandissent, pour pouvoir voler au-delà du pont, où l'ange s'était envolé. Mais après quelque temps, par le grand désir qu'il avait de passer ce pont, il se mit à voler et parce que les ailes n'étaient pas tellement grandes, il tomba sur le pont, et les plumes tombèrent. De nouveau, il embrassa le pont et comme la première fois il se recommanda à Dieu. Sa prière faite, il lui parut encore qu'il lui poussait des ailes, mais comme la première fois il n'attendit pas qu'elles grandissent parfaitement, aussi, se mettant à voler avant le temps, il retomba la tête sur le pont et les plumes tombèrent. C'est pourquoi, voyant qu'il tombait par la hâte qu'il avait de voler avant le temps, il commença à se dire en lui-même : « Pour sûr que si des ailes me poussent pour la troisième fois, j'attendrai qu'elles soient assez grandes et je pourrai voler sans retomber ». Et étant dans cette pensée, il se vit pousser des ailes pour la troisième fois, et il attend longtemps jusqu'à ce qu'elles soient assez grandes. Et il lui semblait que durant la première et la seconde et la troisième fois de la venue de ses ailes, il avait bien attendu cent cinquante ans ou plus. Et enfin il se lève cette troisième fois avec tout son effort et s'envole, et il s'envola en haut jusqu'au lieu où était l'ange. Et frappant à la porte du palais dans lequel il était arrivé en volant, le portier lui demanda : « Qui es-tu, toi qui es venu ici ! » Il répondit ceci : « Je suis frère mineur ». Le portier dit : « Attends-moi, car je veux mener ici saint François pour voir s'il te connaît ».

Pendant qu'il allait chercher saint François, celui-là commença à regarder les merveilleuses murailles de ce palais ; et ces murailles parurent transparentes d'une telle clarté, qu'il voyait clairement les chœurs des saints et ce qui se passait à l'intérieur. Et étant ainsi stupéfait à regarder cela, voici que vint saint François et frère Bernard et frère Gilles ; et après saint François, une telle multitude de saints et de saintes qui avaient suivi la même vie, qu'ils paraissaient presque innombrables. Et saint François arrivant, dit au portier : « Laisse-le entrer, parce qu'il est un de mes frères ».

Aussitôt qu'il fut entré, il sentit tant de douceur qu'il oublia toutes les tribulations qu'il avait subies, comme si elles n'eussent jamais existé. Et alors saint François le menant à l'intérieur, lui montra beaucoup de choses merveilleuses, et puis il lui dit : « Mon fils, il te faut retourner dans le monde et y rester sept jours pendant lesquels tu te prépareras avec grand soin et avec grande dévotion parce que après ces sept jours je viendrai vers toi, et alors tu viendras avec moi dans ce lieu des bienheureux ». Et saint François était couvert d'un manteau merveilleux, orné de très belles étoiles et ses cinq Stigmates étaient comme cinq étoiles très belles et d'une telle splendeur, que de leurs rayons elles illuminaient tout le palais. Et frère Bernard avait sur la tête une très belle couronne d'étoiles, et frère Gilles était orné d'une merveilleuse lumière ; et il reconnut parmi eux beaucoup d'autres frères qu'il n'avait jamais vus dans le monde. Saint François l'ayant donc congédié, il retourna dans le monde, bien malgré lui.

Comme il se réveillait et revenait à lui et reprenait ses sens, les frères sonnaient Prime. Si bien qu'il n'était resté en cette vision que de Matines à Prime, bien qu'il lui parût y être resté beaucoup d'années. Et racontant toute cette vision, en détail, à son gardien, dans les sept jours il commença à être pris de fièvre, et le huitième jour, saint François vint à lui selon sa promesse, avec une très grande multitude de glorieux saints et il emmena son âme au royaume des bienheureux, à la vie éternelle.

27

Comment saint François convertit, à Bologne, deux étudiants qui se firent frères, et, plus tard, soulagea l'un d'eux d'une grande tentation.

Saint François arrivant une fois dans la ville de Bologne, tout le peuple de la ville courait pour le voir ; et si grande était la presse des gens, qu'il ne pouvait qu'à grand peine arriver sur la place. Et la place étant toute remplie d'hommes et de femmes et d'écoliers, saint François se leva au milieu dans un lieu élevé et commença à prêcher ce que le Saint-Esprit lui inspirait. Et il prêchait de si merveilleuses choses qu'il semblait que ce fût un ange plutôt qu'un homme qui prêchât ; et ses paroles toutes célestes paraissaient des flèches aiguës qui transperçaient les cœurs de qui l'écoutait et que, en cette prédication, une grande multitude d'hommes et de femmes se convertirent à la pénitence.

Parmi eux furent deux nobles étudiants de la Marche d'Ancône ; l'un avait nom Pellegrin et l'autre

Richer ; tous deux, touchés dans leur cœur d'une inspiration divine, par ladite prédication, vinrent à saint François, disant qu'ils voulaient entièrement abandonner le monde et être de ses frères. Alors saint François, connaissant par révélation divine que ceux-ci étaient envoyés de Dieu et qu'ils devaient mener dans l'Ordre une sainte vie, et considérant leur grande ferveur, les reçut avec allégresse, leur disant : « Toi, Pellegrin, suis dans l'Ordre la voie de l'humilité ; et toi, Richer, sers tes frères ». Et ce fut ainsi ; car frère Pellegrin ne voulut jamais être clerc, mais frère laïc, bien qu'il fût très lettré et qu'il connût parfaitement les Décrétales. Par cette humilité, il parvint à une grande perfection de vertu, si bien que frère Bernard, premier-né de saint François, dit de lui qu'il était un des frères le plus parfaits de ce monde. Et finalement, ledit frère Pellegrin, plein de vertu, passa de cette vie et alla à la vie bienheureuse ; il fit beaucoup de miracles avant et après sa mort.

Frère Richer servait les frères dévotement et fidèlement, vivant en grande sainteté et humilité ; il devint très familier à saint François qui lui révélait beaucoup de secrets. Et ayant été fait ministre de la province de la Marche d'Ancône, il la gouverna longtemps dans une très grand paix et sagesse.

Après quelque temps, Dieu permit une grande tentation dans son âme ; de quoi il en était tourmenté et angoissé ; il s'affligeait fortement avec des jeûnes et des disciplines, avec des larmes et des prières le jour et la nuit. Et pourtant, il ne pouvait chasser cette tentation ; mais souventefois il était dans un grand désespoir, parce qu'il se croyait, à cause d'elle, abandonné de Dieu. Etant dans un tel désespoir, il se détermina, en dernier recours, à aller à saint François, pensant ainsi : « Si saint François me montre bon visage et me témoigne sa familiarité habituelle, je croirai que Dieu aura encore pitié ; mais sinon, ce sera la preuve que je suis abandonné de Dieu ». Il part donc et va à saint François, qui pendant ce temps, était gravement malade dans le palais de l'évêque d'Assise, et Dieu lui révéla en détail toute la tentation et le désespoir du dit frère et sa résolution et sa venue. Aussitôt, saint François appela frère Léon et frère Massée et leur dit : « Allez vite à la rencontre de mon très cher fils, frère Richer ; et embrassez-le de ma part, et saluez-le et dites-lui qu'entre tous les frères qui sont dans le monde, je l'aime particulièrement ».

Ceux-ci s'en vont et trouvent sur le chemin frère Richer, et l'embrassant, lui disent ce que saint François leur avait prescrit. Aussi, son âme en éprouva tant de consolation et tant de douceur qu'il en fut presque hors de lui, et remerciant Dieu de tout son cœur, il alla et arriva au lieu où saint François, malade, était couché. Et bien que saint François fût gravement malade, néanmoins, entendant venir frère Richer, il se leva et alla à sa rencontre ; et il lui dit en l'embrassant avec tendresse : « Mon très cher fils, frère Richer, entre tous les frères qui sont dans le monde, je t'aime tout particulièrement ». Et ceci dit, il lui fit sur le front le signe de la croix, et là, le baisa, puis il lui dit : « Mon fils très cher, Dieu a permis que tu aies cette tentation pour que tu gagnes de grands mérites ; mais si tu ne veux plus de ce gain, tu ne l'auras plus ». Chose merveilleuse ! Aussitôt que saint François eut dit ces paroles, subitement toute tentation disparut, comme si jamais dans sa vie le frère ne l'eut éprouvée, et il en demeura tout consolé.

28

D'un ravissement qui vint à frère Bernard où il resta depuis les matines jusqu'à none privé de sentiment.

Combien de grâces faisait souvent Dieu aux pauvres évangéliques, qui, pour l'amour du Christ, abandonnent le monde, nous est démontrée en frère Bernard de Quintavalle. Après qu'il eut pris l'habit de saint François, il était très souvent ravi en Dieu par la contemplation des choses célestes. Entre autres, il advint une fois, que, étant dans l'église à entendre la Messe, l'esprit suspendu en Dieu, il devint si absorbé et ravi en contemplation, qu'au moment de l'élévation du Corps du Christ, il ne s'aperçut de rien, il ne s'agenouilla pas, il ne retira pas son capuchon, comme le faisaient les autres qui étaient là ; mais sans cligner des yeux, le regard fixe, il demeura insensible du matin jusqu'à None. Et après None, revenant à lui, il allait par le couvent, criant avec admiration : « Ô frères ! Ô frères ! Ô frères ! Il n'est personne, si grand et si noble en cette contrée, qui, s'il lui était promis un très beau palais rempli d'or, il ne lui fût aisé, de porter un sac plein de fumier pour garder un trésor aussi noble ».

A ce trésor céleste, promis à ceux qui aiment Dieu, le susdit frère Bernard fut élevé en esprit, à tel point que pendant quinze années continues, il allait toujours avec l'esprit et avec le visage levés au ciel. Et dans ce même temps, jamais à table il n'assouvit sa faim, bien qu'il mangeât un peu de ce qui était posé devant lui. Parce qu'il disait que l'homme ne fait pas parfaite abstinence de ce qu'il ne goûte pas ; mais que pour être vraie l'abstinence doit être tempérée des choses qui sont bonnes au goût. Et avec cela, lui vint encore tant de clarté et lumière d'intelligence, que même les plus grands clercs recouraient à lui pour avoir les solutions des questions difficiles et des passages obscurs de l'Ecriture ; et il les éclairait sur chaque difficulté.

Et parce que son esprit était tout à fait dégagé et distrait des choses terrestres, lui, à la manière des hirondelles, volait en haut par la contemplation ; aussi, restait-il parfois vingt jours, parfois trente jours, seul, sur les cimes des plus hautes montagnes, contemplant les choses célestes.

C'est pourquoi frères Gilles disait de lui qu'il n'était pas donné aux autres hommes, ce don qui était donné à frère Bernard de Quintavalle c'est-à-dire de se nourrir en volant comme les hirondelles. Et à cause de cette grâce éminente qu'il recevait de Dieu, saint François, volontiers et, souventefois, parlait avec lui de jour et de nuit ; aussi furent-ils parfois trouvés ensemble, ravis en Dieu toute la nuit, dans le bois où ils s'étaient réunis pour parler de Dieu.

Lequel est béni dans les siècles des siècles. Amen.

29

Comment le démon apparut plusieurs fois sous la forme du Crucifié à frère Rufin, lui disant qu'il perdait le bien qu'il faisait, parce qu'il n'était pas des élus pour la vie éternelle. De quoi, averti par révélation de Dieu, saint François fit reconnaître à frère Rufin l'erreur à laquelle il avait ajouté créance.

Frère Rufin, l'un des hommes parmi les plus nobles d'Assise, compagnon de saint François et homme de grande sainteté, fut un temps très violemment combattu et tenté dans son âme par le démon au sujet de la prédestination. Et il en était tout triste et mélancolique ; parce que le démon lui mettait même au cœur qu'il était damné et qu'il n'était pas parmi les prédestinés à la vie éternelle, et que ce qu'il faisait dans l'Ordre était perdu.

Cette tentation dura de longs jours et il avait honte de la révéler à saint François ; néanmoins il continuait à faire ses abstinences habituelles. Aussi l'ennemi commença-t-il à y joindre tristesse sur tristesse. Outre les batailles au-dedans, il commença aussi à le combattre au-dehors avec de fausses apparitions. Voilà pourquoi il lui apparut une fois sous la forme du Crucifié et lui dit : « Ô frère Rufin, pourquoi t'affliges-tu par la pénitence et par les prières, puisque tu n'es pas des prédestinés à la vie éternelle ? Et crois-moi, car je sais qui j'ai élu et prédestiné. Et ne crois pas le fils de Pierre Bernardone s'il te dit le contraire, et même ne lui demande rien à ce sujet, car ni lui, ni personne d'autre ne le sait, sinon moi, qui suis le fils de Dieu ; et pourtant crois-moi : pour sûr, tu es du nombre des damnés. Et le fils de Pierre Bernardone, ton père, et même son père à lui, sont damnés, et quiconque le suit est damné ». Et ces paroles dites, il disparut de suite, et frère Rufin commença à être si obscurci par le prince des ténèbres que déjà il perdait toute la foi et l'amour qu'il avait eus pour saint François et il ne se souciait pas de lui en parler.

Mais ce que frère Rufin ne dit pas au père saint, l'Esprit-Saint le lui révéla. Aussi, saint François voyant en esprit dans quel péril se trouvait ledit frère Rufin, envoya vers lui frère Massée à qui frère Rufin répondit en grommelant : « Qu'ai-je à faire avec frère François ? » Alors frère Massée, rempli de sagesse divine, connaissant la fausseté du démon, dit : « Ô frère Rufin, ne sais-tu pas que frère François est comme un ange de Dieu, qui a illuminé tant d'âmes au monde, et de qui nous avons reçu la grâce de Dieu ? Aussi, je veux, à tout prix, que tu viennes vers lui, car je vois clairement que tu es trompé par le démon ». Et ceci dit, frère Rufin se leva et alla vers saint François.

Et le voyant venir de loin, saint François commença à crier : « Ô frère Rufin, petit mauvais, à qui as-tu cru ? » Et quand frère Rufin l'eut rejoint, saint François lui dit, en détail, toutes les tentations qu'il avait eues du démon, au-dedans et au-dehors, lui montrant clairement que celui qui lui était apparu était le diable et non le Christ ; et qu'il ne devait en aucune façon consentir à ses suggestions : « Mais, quand le démon te dira encore : « Tu es damné », réponds-lui : « Ouvre la bouche et moi j'y mettrai ce que le corps rejette », à cela, tu auras la preuve qu'il est le diable et non le Christ ; parce que, dès que tu lui auras fait cette réponse, il prendra la fuite aussitôt. A ceci encore, tu devais reconnaître qu'il était le démon, parce qu'il a endurci ton cœur contre tout bien, ce qui est son office propre. Mais le Christ béni n'endurcit jamais le cœur de l'homme fidèle ; au contraire, il l'adoucit selon ce qu'il dit par la bouche du prophète : « Je vous enlèverai votre cœur de pierre et vous donnerai un cœur de chair » . Alors frère Rufin, voyant que saint François lui disait ainsi en détail toute sa tentation, touché de componction par ses paroles, commença à pleurer très fortement et, humblement, devant saint François, reconnut la faute qu'il avait faite en lui cachant sa tentation. Et ainsi, il demeura tout consolé et réconforté par les admonitions du père saint, et tout changé en mieux. Puis, finalement, saint François lui dit : « Va, mon fils, et confesse-toi et ne laisse pas ton zèle habituel pour l'oraison ; et sois sûr que cette tentation te sera de grande utilité et consolation, et dans un temps bref, tu en auras la preuve ».

Frère Rufin s'en retourna dans sa cellule dans le bois. Et étant en oraison, pleurant avec abondance, voici venir l'ennemi en la personne du Christ selon l'apparence extérieure et qui lui dit : « Ô frère Rufin, ne t'ai-je pas dit de ne pas croire au fils de Pierre Bernardone, et de ne pas t'affliger, en larmes et en prières, parce que tu es damné ? A quoi te sert-il de t'affliger, pendant que tu es vivant, et puis, quand tu mourras, tu seras damné ? » Et subitement, frère Rufin lui répondit : « Ouvre la bouche et moi j'y mettrai ce que le corps rejette ». De cela, le démon, indigné, part aussitôt avec une telle tempête et commotion de pierres du mont Subasio, qui était là à côté, que durant un long espace de temps continua l'écroulement des pierres qui tombaient en bas. Et si grand était le choc que faisaient les pierres qui roulaient ensemble, tombant les unes sur les autres, qu'elles jetaient en bas dans la vallée d'horribles étincelles de feu. Et au bruit terrible qu'elles faisaient, saint François et ses compagnons sortirent du couvent en grande admiration pour voir ce qu'était cette nouveauté. Et on voit encore ce très grand éboulement de pierres.

Alors frère Rufin reconnut manifestement que c'était là le démon et qu'il l'avait trompé. Et retournant vers saint François, il se jette à nouveau à terre, et reconnaît sa faute. Et saint François le réconforte encore avec de douces paroles et le renvoie tout consolé à sa cellule. Comme il y était très dévotement en oraison, le Christ béni lui apparut et réchauffa toute son âme du divin amour, et lui dit : « Tu as bien fait, mon fils, de croire à frère François, parce que celui qui t'avait contristé était le démon ; mais moi je suis le Christ, ton maître ; et pour t'en rendre bien certain, je te donne ce signe : pendant que tu vivras, tu ne sentiras jamais plus aucune tristesse, ni mélancolie ». Et cela dit, le Christ s'en alla le laissant avec tant d'allégresse et de douceur d'esprit et d'élévation d'âme, que jour et nuit il était absorbé et ravi en Dieu. Et depuis lors il fut si confirmé en grâce et en sécurité de son salut, qu'il fut tout changé en un autre homme ; et il serait resté le jour et la nuit en oraison, à contempler les choses divines, si les autres l'avaient laissé.

Aussi saint François disait de lui qu'il était en cette vie canonisé par Jésus-Christ ; et, hors de sa présence, il ne craignait pas de dire « saint Rufin », bien qu'il fût encore vivant sur la terre.

30

D'une belle prédication que firent saint François et frère Rufin à Assise.

Ledit frère Rufin était si absorbé en Dieu, qu'il était devenu comme insensible et muet ; il ne parlait que rarement et puis, il n'avait pas la grâce pour prêcher, ni la facilité à parler. Néanmoins, une fois, saint François lui commanda d'aller à Assise prêcher au peuple ce que Dieu lui inspirerait. A quoi frère Rufin répondit : « Père vénéré, je te prie de me pardonner et de ne pas m'envoyer, parce que, comme tu le sais, je n'ai pas la grâce de prêcher et je suis simple et dépourvu d'intelligence ». Alors saint François dit : « Puisque tu ne m'as pas obéi promptement, je te commande par la sainte obéissance, que, nu, avec seulement tes braies, tu ailles à Assise et entre dans une église et ainsi nu, de prêcher au peuple ».

A ce commandement frère Rufin se déshabille et, nu, s'en va à Assise, et entre dans une église ; et, il fait la révérence à l'autel, monte en chaire et commence à prêcher. De cela, les enfants et les hommes commencèrent à rire et ils disaient : « Voici maintenant ; ceux-ci font tant de pénitence qu'ils deviennent sots et hors d'eux-mêmes ».

Pendant ce temps, saint François repensant à la prompte obéissance de frère Rufin, qui était un des hommes parmi les plus nobles d'Assise, et à la dureté de l'ordre qu'il lui avait donné, commença à se reprendre lui-même et à dire : « D'où te vient tant de présomption, fils de Pierre Bernardone, vil et chétif petit homme, de commander à frère Rufin, qui est un des gentilshommes d'Assise, d'aller nu, prêcher au peuple, comme un fou ? Pour Dieu, tu éprouveras sur toi-même, ce que tu commandes aux autres ». Et de suite, dans la ferveur de l'esprit, il se déshabille et nu, pareillement, s'en va à Assise ; et emmène avec lui frère Léon pour porter son habit et celui de frère Rufin. Les gens d'Assise le voyant dans le même état se moquaient de lui, considérant que lui et frère Rufin étaient devenus fous par trop de pénitences.

Saint François entre dans l'église où frère Rufin prêchait en ces termes : « Ô mes bien-aimés, fuyez le monde, laissez le péché ; rendez le bien d'autrui si vous voulez éviter l'enfer ; observez les commandements de Dieu, aimant Dieu et le prochain, si vous voulez aller au ciel ; et faites pénitence si vous voulez posséder le royaume du ciel ». Et alors, saint François, nu, monte en chaire, et commence à prêcher si merveilleusement sur le mépris du monde, sur la sainte pénitence et sur la pauvreté volontaire, sur le désir du royaume céleste et sur la nudité et l'opprobre de la passion de notre Seigneur Jésus-Christ, que tous ceux qui étaient au sermon, hommes et femmes, en grande multitude, commencèrent à pleurer très fort avec une incroyable dévotion et componction de cœur.

Et non seulement là, mais par tout Assise, il y eut ce jour-là tant de pleurs sur la passion du Christ, qu'il n'y en avait jamais eu de semblables.

Et le peuple ainsi édifié et consolé par le geste de saint François et de frère Rufin, saint François fit se rhabiller frère Rufin et se rhabilla lui-même, et ainsi vêtus ils retournèrent au couvent de la Portioncule, louant et glorifiant Dieu qui leur avait donné la grâce de se vaincre eux-mêmes par le mépris de soi, et d'édifier les brebis du Christ par le bon exemple et de montrer combien il faut mépriser le monde. Et ce jour-là, la dévotion du peuple s'accrut tellement envers eux, que s'estimait bienheureux quiconque pouvait toucher le bord de leur habit.

31

Comment saint François connaissait les secrets des consciences de tous ses frères.

Combien notre Seigneur Jésus-Christ dit dans l'Evangile : « Je connais mes brebis et elles me connaissent », ainsi, le bienheureux père saint François, en bon pasteur, savait par révélation divine, tous les mérites et toutes les vertus de ses compagnons ; il connaissait aussi leurs défauts. Pour cela, il savait les pourvoir tous d'un très bon remède, c'est-à-dire, humiliant les superbes et exaltant les humbles, blâmant les vices et louant les vertus, comme on le lit dans les admirables révélations qu'il avait sur cette famille primitive. Parmi ces révélations on trouve celle-ci : saint François étant une fois avec ladite famille dans un couvent pour parler de Dieu, et frère Rufin n'étant pas avec eux dans cet entretien, mais il était en contemplation dans le bois, et cet entretien sur Dieu se poursuivant, voici que frère Rufin sortit du bois et passa un peu plus loin que ceux-ci. Alors saint François, le voyant, se retourne vers ses compagnons en leur demandant : « Dites-moi, qu'elle est croyez-vous, la plus sainte âme que Dieu ait maintenant au monde ? » Et comme ils lui répondaient qu'ils croyaient que ce fût la sienne, saint François leur dit : « Mes frères bien-aimés, je suis par moi-même l'homme le plus indigne et le plus vil que Dieu ait en ce monde ; mais voyez-vous ce frère Rufin qui sort maintenant du bois ? Dieu m'a révélé que son âme est une des trois âmes les plus saintes que Dieu ait en ce monde ; et je vous dis fermement que je ne craindrais pas de l'appeler « saint Rufin » pendant sa vie, puisque son âme est confirmée en grâce et sanctifiée et canonisée dans le ciel par notre Seigneur Jésus-Christ ». Mais ces paroles, saint François ne les disait jamais en présence dudit frère Rufin. Pareillement, comment saint François connut les défauts de ses frères, on le voit clairement en frère Elie, que souventefois il reprenait de sa superbe ; et en frère Jean de la Chapelle, auquel il prédit qu'il devait se pendre lui-même par la gorge ; et en ce frère auquel le démon tenait la gorge serrée quand il était corrigé de sa désobéissance ; et en beaucoup d'autres frères, dont il connaissait clairement par révélation les défauts secrets et les vertus.

32

Comment frère Massée obtint du Christ la vertu d'humilité.

Les premiers compagnons de saint François s'ingéniaient de tout leur effort à être pauvres des choses terrestres et riches des vertus par lesquelles on parvient aux vraies richesses célestes et éternelles.

Il advint un jour que, étant réunis ensemble pour parler de Dieu, l'un d'eux donna cet exemple : « Il fut un homme qui était un grand ami de Dieu et qui avait de grandes grâces pour la vie active et pour la vie contemplative, et avec cela il avait une si excessive et si profonde humilité, qu'il se trouvait un très grand pécheur ; cette humilité le sanctifiait et le confirmait en grâce et le faisait continuellement croître en vertus et dons de Dieu, et ne le laissait jamais tomber dans le péché ».

Frère Massée entendant ces merveilleuses choses sur l'humilité, et connaissant qu'elle était un trésor de vie éternelle, commença à être si enflammé d'amour et du désir de cette vertu de l'humilité, que, dans une grande ferveur, levant le visage vers le ciel, fit vœu et prit la résolution très ferme de ne jamais se réjouir en ce monde, jusqu'à ce qu'il sentît parfaitement ladite vertu dans son âme. Et depuis lors il se tenait presque constamment enfermé dans sa cellule, se macérant par des jeûnes, des veilles, des prières, et avec de très grands pleurs devant Dieu, pour implorer de lui cette vertu, sans laquelle il se trouvait digne de l'enfer, et dont cet ami de Dieu, dont il avait entendu parler, était si bien doué. Et frère Massée demeurant depuis de longs jours dans ce désir, il advint qu'un jour il entra dans le bois, et en ferveur d'esprit, il y allait çà et là, jetant larmes, soupirs et paroles demandant à Dieu, avec un fervent désir, cette vertu divine. Et parce que Dieu exauce volontiers les prières des humbles au cœur contrit, frère Massée étant ainsi, une voix vint du ciel qui l'appela deux fois : « Frère Massée ! Frère Massée ! » Et lui, connaissant en esprit que c'était la voix du Christ, répondit : « Mon Seigneur ! Mon Seigneur ! » Et le Christ lui dit : « Que veux-tu donner pour avoir cette grâce que tu demandes ? » Frère Massée répond : « Mon Seigneur, je veux donner les yeux de ma tête ». Et le Christ lui dit : « Et moi, je veux que tu aies la grâce, et aussi les yeux ». Et ceci dit, la voix disparut.

Et frère Massée demeura rempli d'une telle grâce de la vertu désirée de l'humilité et d'une telle lumière de Dieu, que depuis lors il était toujours en jubilation. Et souventefois, quand il priait, il poussait un cri de joie toujours le même comme un son étouffé à la façon d'une colombe : « Ou ! ou ! ou ! » et avec un visage et un cœur joyeux, il demeurait ainsi en contemplation ; et avec cela, il était devenu très humble, se réputait le dernier de tous les hommes du monde. Interrogé par frère Jacques de Fallerone, pourquoi il ne changeait pas l'expression de sa joie, il répondit avec une grande allégresse que, lorsque dans une chose on trouve tout bien, il n'est pas besoin d'y rien changer.

33

Comment sainte Claire, par le commandement du Pape, bénit le pain qui était à table et sur lequel apparut alors le signe de la sainte Croix.

Sainte Claire, très dévote servante de la croix du Christ et noble plante de messire saint François, était d'une telle sainteté, que, non seulement les évêques et les cardinaux, mais aussi le Pape désirait avec grande affection la voir et l'entendre ; et souventefois la visitait personnellement. Une fois, entre autres, le père saint alla au monastère où elle était pour l'entendre parler des choses célestes et divines ; et étant ainsi ensemble en divins entretiens, sainte Claire, cependant, fit préparer les tables et y poser le pain, afin que le père saint le bénît.

Aussi, l'entretien spirituel terminé, sainte Claire s'agenouillant avec grand respect, le prie qu'il plaise de bénir le pain posé sur la table. Le Saint-Père répond : « Très fidèle sœur Claire, je veux que tu bénisses ce pain et fasses sur lui le signe de la croix du

Christ auquel tu t'es toute donnée ». Et sainte Claire dit : « Très Saint-Père, pardonnez-moi, car je serais digne de trop grands reproches, si, devant le vicaire du Christ, moi, qui ne suis qu'une vile petite femme, j'avais la présomption de faire une telle bénédiction ». Et le Pape répond : « Afin que cela ne soit pas imputé à la présomption, mais au mérite de l'obéissance, je te commande par la sainte obéissance, de faire sur ces pains le signe de la sainte croix, et de les bénir au nom de Dieu ».

Alors sainte Claire, en vraie fille de l'obéissance, bénit très pieusement ces pains avec le signe de la sainte croix. Chose admirable ! Soudain, sur tous les pains apparut le signe de la croix très bien gravé. Et alors une partie de ces pains fut mangée et l'autre partie conservée à cause du miracle. Et le père saint qui avait vu le miracle, prenant dudit pain, partit, remerciant Dieu, et laissant sainte Claire avec sa bénédiction. Dans le même temps demeuraient dans ce monastère, sœur Ortolana, mère de sainte Claire, et sœur Agnès, sa sœur, toutes deux comme sainte Claire, pleines de vertus et pleines de l'Esprit-Saint, et aussi beaucoup d'autres saintes moniales ; saint François leur envoyait beaucoup de malades ; et elles, par leurs prières et avec le signe de la croix leur rendaient à tous la santé.

34

Comment saint Louis, Roi de France, alla personnellement à Pérouse, sous l'habit d'un pèlerin, visiter le saint frère Egide.

Saint Louis, roi de France, allant en pèlerinage de par le monde visiter les sanctuaires, et entendant la très grande réputation de sainteté de frère Gilles, qui avait été un des premiers compagnons de saint François, décida dans son cœur et se détermina résolument à le visiter en personne. Pour cela, il vint à Pérouse où demeurait alors ledit frère Gilles ; et arrivant à la porte du couvent des frères comme un pauvre pèlerin inconnu, avec peu de compagnons, il demande frère Gilles avec grande instance, sans dire au portier qui le demandait.

Le portier va à frère Gilles et lui dit qu'il y a à la porte un pèlerin qui le demande. Et il lui fut en esprit révélé par Dieu que c'était le roi de France. Aussi avec grande ferveur, il sort aussitôt de sa cellule et court à la porte ; sans rien demander, sans que jamais ils se fussent vus, avec une très grande dévotion, ils se jetèrent dans les bras l'un de l'autre en s'agenouillant, se baisant avec beaucoup de familiarité, comme s'ils avaient entretenu ensemble depuis longtemps une très grande amitié. Mais pendant tout cela, ils ne parlaient ni l'un ni l'autre, mais se tenaient ainsi embrassés, en silence, donnant tous ces signes de charité et d'amour. Etant ainsi restés un long espace de temps en cette étreinte, ils se quittèrent, sans se dire une parole. Et saint Louis continua son voyage et frère Gilles retourna à sa cellule.

Le roi étant parti, un frère demanda à l'un de ses compagnons qui était celui que s'était tant embrassé avec frère Gilles, et celui-ci répondit que c'était Louis roi de France, qui était venu voir frère Gilles. Ce frère l'ayant dit aux autres, ils eurent une très grande tristesse, parce que frère Gilles ne lui avait pas parlé. Et le regrettant, ils lui dirent : « Ô frère Gilles pourquoi as-tu été si impoli envers un roi, qui est venu de France pour te voir et entendre de toi quelque bonne parole et à qui tu n'as rien dit ? »

Frère Gilles répondit : « Mes frères bien-aimés, ne vous étonnez pas de cela, parce que, ni de moi à lui, ni de lui à moi, il ne pouvait y avoir de parole ; car dès que nous nous sommes embrassés, la lumière de la divine sagesse nous révéla et nous manifesta, à moi son cœur et à lui, le mien ; et ainsi, par une divine opération, nous avons connu dans nos cœurs, ce que je voulais lui dire et ce que lui, voulait me dire, beaucoup mieux que si nous avions parlé des lèvres et avec une plus grande consolation. Et si nous avions voulu expliquer de vive voix ce que nous ressentions dans nos cœurs, c'eût été plutôt une affliction qu'une consolation, à cause du défaut de la langue humaine (qui ne peut exprimer clairement les mystères secrets de Dieu). Et pourtant, sachez avec certitude que le roi est parti admirablement consolé ».

35

Comment, étant malade, sainte Claire fut miraculeusement portée, la nuit de Noël, à l'église de Saint-François, et là entendit l'office.

Sainte Claire était une fois si gravement malade qu'elle ne pouvait point aller à l'église dire l'Office avec les autres moniales ; la solennité de la Nativité du Christ étant venue, toutes les autres sœurs allèrent à Matines ; et elle seule resta au lit, mécontente, parce qu'elle ne pouvait pas aller avec les autres et avoir cette consolation spirituelle. Mais Jésus-Christ, son époux, ne voulant pas la laisser ainsi désolée, la fit porter miraculeusement par les anges à l'église de saint François, et assister à tout l'Office des Matines et de la Messe de la nuit. Outre cela, elle reçut la sainte communion, et puis il la fit reporter à son lit.

L'Office terminé à saint Damien, toutes les moniales revinrent près de sainte Claire et lui dirent : « Ô notre mère, sœur Claire, comme elle fut grande la consolation que nous avons eue en cette sainte nuit de la Nativité du Christ ! Plût à Dieu que vous eussiez été avec nous ». Et sainte Claire répondit : « Je loue et rends grâces à mon Seigneur Jésus-Christ béni, mes sœurs et filles bien-aimées, parce que, à toutes les solennités de cette très sainte nuit, et à de plus grandes que celles où vous êtes allées, je suis allée moi-même, avec beaucoup de consolation pour mon âme car par l'intercession de mon père saint François, et par la grâce de mon Seigneur Jésus-Christ, j'ai été présente dans l'église de mon père saint François, et, des oreilles de mon corps et en esprit, j'ai entendu tout le chant et le son des orgues qui s'y est fait ; et là même, j'ai reçu la sainte communion. Aussi, de tant de grâces qui m'ont été faites, réjouissez-vous et remerciez-en Dieu ».

36

Comment saint François expliqua à frère Léon une belle vision que celui-ci avait vue.

Une fois que saint François était gravement malade et que frère Léon le servait, ledit frère Léon étant en oraison près de saint François, fut ravi en extase et mené en esprit auprès d'un très grand fleuve, large et impétueux. Et étant à regarder qui le passait, il vit quelques frères portant une charge, entrer dans ce fleuve et qui, subitement étaient entraînés, par l'impétuosité du fleuve et noyés ; quelques autres allaient jusqu'au tiers ; quelques autres à la moitié du fleuve ; quelques autres enfin jusqu'auprès de l'autre rive, mais tous, par l'impétuosité du fleuve et par les poids qu'ils portaient sur le dos, tombaient finalement et se noyaient.

Frère Léon, voyant cela, avait envers eux une très grande compassion. Et subitement, comme il était ainsi, voici qu'il vit venir une grande multitude de frères sans aucune charge, sans poids d'aucune sorte, en qui resplendissait la sainte pauvreté ; et entrant dans ce fleuve ils passèrent au-delà sans aucun danger. Et voyant cela, frère Léon revint à lui.

Alors saint François, sachant en esprit que frère Léon avait eu une vision, l'appela à lui et lui demanda ce qu'il avait vu. Quand frère Léon lui eut dit toute la vision dans l'ordre, saint François lui dit : « Ce que tu as vu est vrai. Le grand fleuve, c'est ce monde ; les frères qui se noyaient dans le fleuve sont ceux qui ne suivent pas la profession évangélique, et spécialement quant à la très haute pauvreté. Mais ceux qui passaient sans danger sont ces frères qui ne cherchent ni ne possèdent en ce monde aucune chose terrestre ou charnelle ; mais ayant seulement la nourriture et le vêtement indispensables, sont contents en suivant le Christ nu sur la croix ; et ils portent allègrement et volontiers le poids et le joug suave du Christ et de la sainte obéissance ; c'est pourquoi ils passent facilement de la vie temporelle à la vie éternelle ».

37

Comment Jésus-Christ béni, à la prière de saint François, fit se convertir et se faire frère mineur un riche et gentil chevalier, lequel avait fait grand honneur et offrandes à saint François.

Saint François, serviteur du Christ, arrivant tard un soir à la maison d'un grand et puissant gentilhomme, fut reçu et hébergé, lui et son compagnon, avec une très grande courtoisie et dévotion, comme des anges du paradis. Pour cela, saint François lui voua une grande affection, considérant que dès son arrivée à la maison, il l'avait étreint et embrassé amicalement, et lui avait lavé et essuyé et baisé humblement les pieds, et allumé un grand feu et préparé la table avec beaucoup de bons mets. Et pendant qu'ils mangeaient, celui-ci les servait continuellement avec un visage joyeux.

Or, lorsque saint François et son compagnon eurent mangé, ce gentilhomme dit : « Voici, père, je m'offre à vous avec tout ce qui m'appartient. Si vous avez besoin de tunique ou de manteau ou de quoi que ce soit, achetez et je paierai. Et sachez que je suis prêt à pourvoir à tous vos besoins, car par la grâce de Dieu, je le puis ; j'ai en abondance tous les biens temporels. Et pour l'amour de Dieu qui me les a donnés, j'en fais volontiers don à ses pauvres ». Aussi, saint François voyant en lui tant de courtoisie et de tendresse, et ses offres généreuses, conçut pour lui tant d'affection, qu'ensuite, à son départ, il s'en allait, disant à son compagnon : « Vraiment ce gentilhomme serait bon pour notre compagnie ; lui qui a tant de gratitude et de reconnaissance envers Dieu et qui est si tendre et courtois envers le prochain et les pauvres. Sache, mon frère bien-aimé, que la courtoisie est une des qualités de Dieu, qui donne son soleil et sa pluie aux justes et aux injustes, par courtoisie ; et la courtoisie est la sœur de la charité, qui éteint la haine et conserve l'amour. Et parce que j'ai trouvé en cet homme de bien tant de vertu divine, je le voudrais volontiers pour compagnon. Pour cela, je veux qu'un jour nous retournions chez lui ; il se peut qu'un jour, Dieu lui touchât le cœur et qu'il veuille nous accompagner dans le service de Dieu ; en attendant, nous prierons Dieu qu'il lui mette ce désir au cœur et lui donne la grâce de le réaliser ».

Chose admirable ! A peu de jours de là, lorsque saint François eut fait cette prière, Dieu mit ce désir dans le cœur de ce gentilhomme. Et saint François dit à son compagnon : « Allons mon frère, chez l'homme courtois ; parce que j'ai un certain espoir en Dieu, qu'avec cette courtoisie dans les choses temporelles, il se donnera lui-même pour être notre compagnon ». Et ils y allèrent, et arrivèrent près de sa maison. Saint François dit à son compagnon : « Attends-moi un peu ; car je veux d'abord prier Dieu qu'il rende notre chemin favorable, et que la noble proie que nous pensons retirer du monde, il plaise au Christ de nous l'accorder, à nous pauvres et faibles, par la vertu de sa sainte passion ». Et cela dit, il se mit en oraison dans un lieu où il pouvait être vu de cet homme plein de courtoisie. Ainsi, comme il plut à Dieu, celui-ci, observant çà et là, vit saint François rester très dévotement en oraison devant le Christ, qui lui était apparu dans une grande clarté pendant ladite oraison et se tenait devant lui. Et en restant ainsi, il voyait saint François, soulevé de terre corporellement durant un assez long espace de temps. Ce pourquoi il fut si touché de Dieu et inspiré de laisser le monde, que, sur-le-champ, il sortit de son palais, et en ferveur d'esprit courut vers saint François ; et arrivant près de lui, toujours en oraison, il s'agenouilla à ses pieds et, très instamment avec une très grande dévotion il le pria qu'il lui plût de le recevoir pour faire pénitence avec lui.

Alors saint François, voyant que son oraison était exaucée par Dieu et que ce qu'il désirait lui-même, ce gentilhomme le lui demandait avec grande instance, se lève dans la ferveur et la joie de l'esprit, l'étreint et l'embrasse dévotement, remerciant Dieu qui d'un tel chevalier avait augmenté sa compagnie. Et ce gentilhomme dit à saint François : « Qu'ordonnes-tu que je fasse, mon père ? Voici, je suis prêt à donner aux pauvres, sur ton commandement, ce que je possède, et ainsi déchargé de toute affaire temporelle, à suivre le Christ avec toi ».

Et il fit ainsi ; selon le commandement et le conseil de saint François, il distribua ses biens aux pauvres et entra dans l'Ordre ; et il y vécut en grande pénitence et actes de vertu et sainteté de vie.

38

Comment saint François connut en esprit que frère Elie était damné et devait mourir hors de l'Ordre, et, à la prière de frère Elie, fit oraison au Christ pour lui et fut exaucé.

Saint François et frère Elie demeurant une fois dans un même couvent, il fut révélé par Dieu à saint François que frère Elie était damné, qu'il devait apostasier et finalement mourir hors de l'Ordre. Pour cette raison, saint François conçut pour lui un tel déplaisir qu'il ne lui parlait pas et n'avait pas de conversation avec lui. Et s'il arrivait parfois que frère Elie allât vers lui, il changeait de chemin, et allait d'un autre côté pour ne point le rencontrer. Frère Elie commença à s'apercevoir que saint François avait de la gêne à son égard ; aussi, voulant en savoir la cause, un jour il s'approcha de saint François pour lui parler, et saint François l'évitant, frère Elie le retint courtoisement de force, et commença à le prier qu'il lui plût de lui signifier la raison pour laquelle il évitait sa compagnie et sa conversation. Et saint François lui répond : « La raison, la voici : parce qu'il m'a été révélé par Dieu qu'à cause de tes péchés tu apostasieras et mourras hors de l'Ordre ; et Dieu m'a encore révélé que tu es damné ».

Entendant cela, frère Elie dit : « Mon révérend Père, je te prie pour l'amour de Jésus-Christ que pour cela tu ne m'évites ni ne me chasses de ta présence ; mais comme un bon pasteur et disciple du Christ, retrouve et reçois la brebis qui périt si tu ne l'aides point. Et prie pour moi, afin que Dieu révoque, si cela se peut, la sentence de ma damnation parce qu'il se trouve écrit que Dieu sait révoquer la sentence, si le pécheur amende son péché ; et j'ai tant de foi en tes prières que si j'étais au milieu de l'enfer, et que tu fisses pour moi oraison à Dieu, j'en éprouverais quelque rafraîchissement. Aussi je te prie encore que moi, pécheur, tu me recommandes à Dieu, qui est venu sauver les pécheurs, pour qu'Il me reçoive en sa miséricorde ». Et cela, frère Elie le disait avec larmes et grande dévotion. Aussi, saint François, en père plein de pitié, lui promit de prier Dieu pour lui, et il fit ainsi.

Et saint François, priant Dieu très dévotement pour lui, connut par révélation que sa prière était exaucée par Dieu, quant à la révocation de la sentence de damnation de frère Elie, et que finalement son âme serait sauvée ; mais que sûrement il sortirait de l'Ordre et mourrait hors de l'Ordre. Et ainsi advint-il. Car Frédéric, roi de Sicile, se révoltant contre l'Eglise, et étant excommunié par le pape, lui et quiconque l'aidait et le conseillait, ledit frère Elie, qui était réputé comme l'un des hommes les plus savants du monde, requis par ledit roi Frédéric, se mit de son côté et devint rebelle à l'Eglise et apostat de l'Ordre.

Pour cela, il fut excommunié par le pape et privé de l'habit de saint François.

Et étant ainsi excommunié, il tomba gravement malade. Un de ses frères, frère laïc, qui était resté dans l'Ordre et qui était un homme honnête et de bonne vie, apprenant cette maladie, alla le visiter ; et, entre autres choses, il lui dit : « Mon frère bien-aimé, j'ai beaucoup de peine que tu sois excommunié et hors de ton Ordre et que tu doives mourir ainsi ; mais si tu voyais une voie ou un moyen par lequel je puisse te tirer de ce péril, j'en prendrais volontiers pour toi toute la fatigue ». Frère Elie répond : « Mon frère, je ne vois aucun autre moyen sinon que tu ailles trouver le pape, et que, pour l'amour du Christ et de saint François son serviteur, dont les enseignements m'ont fait abandonner le monde, tu le pries de m'absoudre de l'excommunication et de me rendre l'habit de l'Ordre ». Son frère dit que pour son salut il se fatiguerait volontiers. Et le quittant, il s'en alla aux pieds du Saint-Père, le priant très humblement, qu'il fasse grâce à son frère pour l'amour du Christ et de saint François son serviteur.

Et comme il plut à Dieu, le pape lui concéda de retourner et, s'il trouvait frère Elie vivant, de l'absoudre de sa part de l'excommunication et de lui rendre l'habit. Aussi, celui-ci s'en va joyeux et, en grande hâte retourne vers frère Elie, et le trouve vivant, mais près de la mort. Et il le releva de l'excommunication et lui remit l'habit. Et frère Elie passa de cette vie ; et son âme fut sauvée par les mérites de saint François et par ses prières dans lesquelles frère Elie avait eu un si grand espoir.

39

De la merveilleuse prédication que fit saint Antoine de Padoue, frère mineur, en consistoire.

Le merveilleux vase de l'Esprit-Saint, Antoine de Padoue, un des disciples élus et compagnons de saint François, qu'il appelait son évêque, prêchait une fois en Consistoire devant le Pape et les cardinaux ; dans ce Consistoire étaient des hommes de diverses nations, c'est-à-dire grecs, latins, français, allemands, slaves et anglais et diverses autres langues du monde ; enflammé par l'Esprit-Saint, il exposa si efficacement et si subtilement et si dévotement et si clairement et avec une telle intelligence la parole de Dieu, que tous ceux qui étaient en Consistoire, bien qu'ils fussent de langages divers, comprenaient clairement toutes ses paroles, aussi distinctement que s'il eût parlé le langage de chacun d'eux ; et tous étaient stupéfaits, et il leur semblait que s'était renouvelé cet ancien miracle des apôtres au temps de la Pentecôte, qui parlaient en toutes langues par la vertu de l'Esprit-Saint.

Et ils se disaient l'un à l'autre avec admiration : « N'est-il pas d'Espagne, celui-là qui prêche ? Et comment dans son parler entendons-nous tous notre langage, le langage de nos pays ». Le Pape, pareillement, considérant la profondeur de ses paroles et s'en émerveillant, dit : « Vraiment celui-ci est l'arche du testament et l'écrin contenant la divine Ecriture ».

40

Du miracle que Dieu fit lorsque saint Antoine étant à Rimini, il prêcha aux poissons de la mer.

Le Christ béni voulant montrer la grande sainteté de son très fidèle serviteur saint Antoine et comment il fallait entendre sa prédication et sa doctrine sainte, reprit, une fois entre autres par des animaux sans raison, – par des poissons – la sottise des infidèles hérétiques, à la manière dont jadis dans l'Ancien Testament il avait, par la bouche de l'ânesse, repris l'ignorance de Balaam.

Saint Antoine étant donc une fois à Rimini où il y avait une grande multitude d'hérétiques, et voulant les ramener à la lumière de la vraie foi et dans le chemin de la vérité, pendant plusieurs jours leur prêcha et discuta avec eux de la foi du Christ et de la Sainte Ecriture. Mais eux, non seulement n'acceptaient pas ses saints discours, mais encore, comme endurcis et obstinés, ne voulaient même pas l'entendre.

Aussi, un jour, par une divine inspiration, saint Antoine s'en alla à l'embouchure du fleuve ; et se tenant ainsi sur la rive entre la mer et le fleuve, il commença à la façon d'un sermon, à dire aux poissons de la part de Dieu : « Ecoutez la parole de Dieu, vous poissons de la mer et du fleuve, puisque les infidèles hérétiques ne veulent pas l'entendre ». Et dès qu'il eut ainsi parlé, subitement, vint de la rive une telle multitude de poissons, grands et petits et moyens, que jamais dans toute cette mer, ni en ce fleuve, on n'en avait tant vu ; et tous tenaient la tête hors de l'eau et demeuraient attentifs tournés vers le visage de saint Antoine, en très grande paix, dans le calme et l'ordre, car sur le devant et le plus près de la rive se tenaient les plus petits poissons et après eux les poissons moyens, et puis derrière, où l'eau était la plus profonde, se tenaient les gros poissons.

Les poissons étant donc dans un tel ordre et une telle disposition, saint Antoine commença à leur prêcher solennellement, il parla ainsi : « Mes frères les poissons, vous êtes fort tenus, selon votre possibilité, de remercier votre Créateur, qui vous a donné un aussi noble élément pour votre habitation, en sorte que, selon qu'il vous plaît, vous avez les eaux douces et les eaux salées. Et il vous a donné beaucoup de refuges pour éviter les tempêtes ; il vous a encore donné un élément clair et transparent et la nourriture pour que vous puissiez vivre. Dieu, votre Créateur, courtois et plein de bonté, quand il vous créa, vous donna l'ordre de croître et de vous multiplier, et il vous donna sa bénédiction. Puis, quand vint le déluge universel, alors que tous les autres animaux périrent, Dieu vous conserva seuls sans dommage. Ensuite, il vous a donné des nageoires pour pouvoir aller çà et là partout où il vous plaît. A vous, il fut accordé par le commandement de Dieu, de garder le prophète Jonas, et après le troisième jour de le rejeter à terre sain et sauf. Vous avez offert le cens à notre Seigneur Jésus-Christ, qui, comme un petit pauvre, n'avait pas de quoi payer. Par un mystère singulier, vous fûtes la nourriture de l'éternel roi Jésus avant et après sa Résurrection. Pour tout cela, vous êtes très obligés de louer et de bénir Dieu, qui vous a donné tant de bienfaits plus qu'aux autres créatures ».

A ces paroles et enseignements et autres semblables de saint Antoine, les poissons commencèrent à ouvrir la bouche et à incliner la tête ; et par ceci et par d'autres signes de respect, ils louaient Dieu, de la façon qui leur était possible. Alors saint Antoine, voyant un tel respect des poissons envers Dieu leur Créateur, se réjouit en esprit et dit à haute voix : « Béni soit Dieu éternel, parce que les poissons des eaux l'honorent plus que ne le font les hommes hérétiques, et que les animaux sans raison écoutent mieux sa parole que les hommes infidèles ». Et plus saint Antoine prêchait, plus la multitude des poissons croissait, et nul ne quittait la place qu'il avait prise. A ce miracle, le peuple de la ville commença d'accourir ; parmi eux y vinrent aussi les susdits hérétiques, qui voyant le miracle aussi merveilleux et aussi manifeste, le cœur rempli de componction, se jetèrent tous aux pieds du saint pour entendre son sermon. Et alors saint Antoine commença de prêcher sur la foi catholique ; et il prêcha si noblement qu'il convertit tous ces hérétiques et les fit retourner à la vraie foi du Christ. Et tous les fidèles en demeurèrent en grande allégresse réconfortés et fortifiés dans la foi. Et ceci fait, saint Antoine congédia les poissons avec la bénédiction de Dieu ; et tous s'en allèrent avec de merveilleux actes d'allégresse et le peuple fit de même. Puis saint Antoine demeura à Rimini de nombreux jours, prêchant et faisant beaucoup de fruits spirituels dans les âmes.

41

Comment le vénérable frère Simon libéra un frère d'une grande tentation, à cause de laquelle il voulait sortir de l'Ordre.

Au commencement de l'Ordre, du vivant de saint François, vint à l'Ordre un jeune homme d'Assise, qui fut appelé frère Simon ; Dieu l'orna et le dota de tant de grâce et d'une telle contemplation et élévation d'esprit, que toute sa vie était un miroir de sainteté. Selon que je l'ai entendu de ceux qui vécurent longtemps avec lui, celui-ci n'était vu que très rarement hors de sa cellule ; et, si parfois il restait avec ses frères, il parlait toujours de Dieu.

Celui-ci n'avait jamais appris la grammaire et néanmoins il parlait de Dieu et de l'amour du Christ si profondément et si hautement que ses paroles paraissaient paroles surnaturelles. Aussi, étant allé un soir dans le bois avec frère Jacques de Massa pour parler de Dieu, et parlant avec une extrême douceur de l'amour divin, ils restèrent toute la nuit en cet entretien ; et le matin il ne leur parut être restés là que très peu de temps, selon que me le rapporta ledit frère Jacques. Ledit frère Simon recevait avec une telle suavité et douceur de l'Esprit-Saint les divines illuminations et les visites d'amour de Dieu, que, souventefois, quand il les sentait venir, il se mettait sur le lit ; parce que la paisible suavité de l'Esprit-Saint exigeait en lui non seulement le repos de l'âme, mais aussi celui du corps. Et pendant ces visites divines il était souvent ravi en Dieu et devenait tout insensible aux choses corporelles. Une fois donc qu'il était ainsi ravi en Dieu et qu'insensible au monde, il brûlait au dedans du divin amour et ne sentait rien au dehors avec les sens corporels, un frère voulant savoir par expérience qu'il était bien tel qu'il paraissait, s'en alla et prit un charbon ardent et le posa sur son pied nu. Et frère Simon ne le sentit en rien et il ne lui laissa aucune marque sur le pied, bien qu'il y restât si longtemps qu'il finit par s'éteindre de lui-même.

Ledit frère Simon, quand il se mettait à table, avant de prendre la nourriture corporelle, prenait pour lui et donnait aux autres la nourriture spirituelle, en parlant de Dieu. Par ses pieux discours, il convertit une fois un jeune homme de San Severino, qui était dans le siècle un jeune homme très vain et mondain, il était de sang noble et très délicat de corps. Et frère Simon recevant ledit jeune homme dans l'Ordre, conserva près de lui ses vêtements séculiers ; et lui, demeurait avec frère Simon pour être instruit par lui dans les observances régulières.

Mais le démon, qui s'ingénie à empêcher tout bien, mit en lui un si fort aiguillon et une si ardente tentation de la chair, qu'il ne pouvait en aucune façon lui résister. Pour cela, il alla trouver frère Simon et lui dit : « Rends-moi mes vêtements que j'apportai du siècle, car je ne puis plus résister à la tentation charnelle ». Et frère Simon, ayant grande compassion de lui, lui disait : « Assieds-toi ici un peu, mon fils, avec moi » ; et il commençait à lui parler de Dieu et toute tentation disparaissait ; et puis, la tentation revenant avec le temps, et lui, redemandant ses vêtements, frère Simon la chassait en lui parlant de Dieu. Et ce fut ainsi plusieurs fois ; finalement une nuit, la tentation revint et le serra si fort, beaucoup plus qu'elle n'avait coutume que, ne pouvant plus y résister, il s'en alla trouver frère Simon et lui redemanda tous ses vêtements séculiers, car en aucune manière il n'y pouvait plus tenir.

Alors frère Simon, selon qu'il avait coutume de le faire, le fit asseoir à côté de lui ; et pendant qu'il parlait de Dieu, le jeune homme pencha la tête dans le sein de frère Simon par mélancolie et tristesse. Alors frère Simon, par la grande compassion qu'il avait pour lui, leva les yeux au ciel et, priant Dieu très dévotement pour lui, il fut ravi en extase et exaucé par Dieu. Aussi, quand il revint à lui, le jeune homme se sentit tout à fait libéré de cette tentation, comme s'il ne l'avait jamais sentie. Au contraire, l'ardeur de la tentation s'étant transformée en ardeur de l'Esprit-Saint parce qu'il s'était approché de ce charbon embrasé, c'est-à-dire de frère Simon, il devint tout enflammé de l'amour de Dieu et du prochain ; à tel point qu'un malfaiteur ayant une fois, été pris, et à qui l'on devait retirer les deux yeux celui-là, par compassion, s'en alla hardiment trouver le recteur et, en plein conseil, avec beaucoup de larmes et de pieuses prières, demanda qu'il lui fût retiré un œil et au malfaiteur l'autre, afin qu'il ne restât pas privé de toute sa vue. Mais le recteur et son conseil, voyant la grande ferveur de la charité de ce frère, firent grâce à l'un et à l'autre.

Le susdit frère Simon étant un jour en oraison dans le bois et sentant une grande consolation dans son âme, une bande de corneilles commencèrent à l'ennuyer avec leurs cris. Aussi, il leur commanda au nom de Jésus de partir et de ne plus revenir. Et lesdits oiseaux s'en allant, depuis lors ils ne furent plus vus ni là, ni dans toute la contrée d'alentour. Et ceci fut connu dans toute la Custodie de Fermo, où se trouvait ledit couvent.

42

Des beaux miracles que fit Dieu par les saints frères, frère Bentivoglia, frère Pierre de Monticello et frère Conrad d'Offida : comment frère Bentivoglia porta un lépreux quinze milles en très peu de temps ; et au second parla saint Michel ; et au troisième la Vierge Marie apparut et lui posa son fils dans les bras.

La Province de la Marche d'Ancône fut anciennement, comme le ciel d'étoiles, ornée de saints frères, qui, comme les luminaires dans le ciel, ont illuminé et orné l'Ordre de saint François et le monde par l'exemple et par la doctrine. Entre autres, furent en premier, frère Lucide l'ancien, qui fut vraiment brillant de sainteté et ardent de divine charité ; sa glorieuse parole, informée par l'Esprit-Saint, faisait de merveilleux fruits dans la prédication. Un autre fut frère Bentivoglia de San Severino, qui fut vu, élevé en l'air à une grande hauteur, par frère Massée de San Severino, alors qu'il était en oraison dans le bois. Par ce miracle ledit frère Massée, étant alors curé, laissa la cure et se fit frère mineur et il fut d'une telle sainteté, qu'il fit beaucoup de miracles pendant sa vie et après sa mort ; et son corps repose à Murro.

Le susdit frère Bentivoglia, demeurant une fois à Trave Bonanti, seul, pour garder et servir un lépreux, ayant reçu l'ordre du prélat de partir de là et d'aller dans un autre couvent qui était éloigné de quinze milles, et ne voulant pas abandonner ce lépreux, en grande ferveur de charité, le prit et le mit sur son épaule, et le porta de l'aurore au lever du soleil, par tout ce chemin de quinze milles, jusqu'à ce couvent où il était mandé qui s'appelait Monte San Sancino. Eut-il été un aigle, qu'il n'aurait pu faire ce voyage en si peu de temps ; et pour ce divin miracle il y eut une grande stupeur et une grande admiration dans tout le pays.

Un autre fut frère Pierre de Monticello, qui fut vu par frère Servodeo d'Urbino (alors son gardien dans le vieux couvent d'Ancône), élevé de terre corporellement, à cinq ou six brasses, jusqu'aux pieds du crucifix de l'église devant lequel il était en oraison. Ce frère Pierre, jeûnant une fois avec grande dévotion, pendant le carême de saint Michel archange, et le dernier jour de ce carême, alors qu'il était dans l'église en oraison, un jeune frère (qui s'était caché avec soin sous l'autel majeur pour voir quelque acte de sa sainteté), l'entendit parler avec saint Michel archange. Et les paroles qu'ils disaient étaient celles-ci : saint Michel disait : « Frère Pierre, tu t'es fidèlement fatigué pour moi et tu as affligé ton corps en beaucoup de manières, voici que je suis venu te consoler, afin que tu demandes n'importe quelle grâce que tu veux, et je te l'obtiendrai de Dieu ». Frère Pierre répondait : « Prince très saint de la milice céleste, et très fidèle zélateur de l'honneur divin et compatissant protecteur des âmes, je demande cette grâce : que tu m'obtiennes de Dieu le pardon de mes péchés ». Saint Michel répondit : « Demande une autre grâce, car celle-là je te l'obtiendrai facilement ». Et frère Pierre ne demandant aucune autre chose, l'archange conclut : « Pour la foi et la dévotion que tu as en moi, je te procurerai cette grâce et beaucoup d'autres ». Et l'entretien terminé, qui avait duré longtemps, l'archange Michel partit, le laissant suprêmement consolé.

43

Comment frère Conrad d'Offida convertit un jeune frère qui molestait les autres frères. Et comment, étant mort, ledit jeune frère apparut audit frère Conrad, le suppliant qu'il prie pour lui ; et comment, par cette oraison, il fut libéré des peines très grandes du Purgatoire.

Ledit frère Conrad d'Offida[1], admirable zélateur de l'évangélique pauvreté et de la Règle de saint François, fut de si religieuse vie et de si grand mérite auprès de Dieu que le Christ béni l'honora de beaucoup de miracles, dans la vie et dans la mort ; entre lesquels une fois qu'il était venu au logis d'Offida, les frères le prièrent pour l'amour de Dieu et de la charité qu'il admonestât un jeune frère qui était en ce lieu et se conduisait avec tant de puérilité, de désordre et de dissolution qu'il troublait les jeux et les jeunes de cette compagnie ; et de l'office divin et des autres observances régulières, il s'inquiétait peu ou pas du tout. Et frère Conrad, par compassion de cet enfant et à cause des prières des frères, appela un jour à part ledit jeune homme ; et en ferveur de charité, il lui dit de si efficaces et dévotes paroles d'enseignement, qu'avec l'opération de la grâce divine, subitement il devint, d'enfant, vieux de mœurs, et si obéissant et bénin, attentif et dévot, si pacifique et serviable et, en toute chose vertueuse, si appliqué, qu'autant d'abord toute la compagnie était troublée par lui, autant tous par lui étaient contents et consolés et fortement l'aimaient.

Il advint, comme il plut à Dieu, que, peu après cette sienne conversion, ledit jeune homme mourut ; ce dont lesdits frères s'affligèrent. Et peu de jours après sa mort, son âme apparut à frère Conrad qui se trouvait dévotement en oraison devant l'autel dudit logis, et elle le salua dévotement comme un père ; et frère Conrad lui demanda :

« Qui es-tu ? »

Et elle répondit, disant :

« Je suis l'âme de ce jeune frère qui mourut ces jours-ci. »

Et frère Conrad dit :

« Ô mon fils très cher, qu'est-il advenu de toi ? »

Et celui-ci répondit :

« Père très cher, par la grâce de Dieu et par votre doctrine, un grand bien ; car je ne suis pas damné, mais pour certains de mes péchés, lesquels je n'eus pas le temps de purger suffisamment, je soutiens de très fortes peines en Purgatoire ; mais je te supplie, père, que, de même que par ta piété tu me secourus lorsque j'étais vivant, ainsi maintenant il te plaise de me secourir dans mes peines en disant pour moi quelques Notre Père, parce que ton oraison a grande valeur en présence de Dieu. »

Alors, frère Conrad, consentant bénignement à sa

requête et disant pour elle un *Pater Noster* avec le *Requiem æternam,* cette âme dit :

« Ô Père très cher, quel bien et quel rafraîchissement je ressens ! Maintenant je te prie que tu le répètes encore une fois. »

Et frère Conrad le dit et aussitôt qu'il l'eut achevé, l'âme dit : « Père, lorsque tu pries pour moi, je me sens toute soulagée ; je te prie donc que tu ne cesses de faire oraison pour moi. » Alors, frère Conrad voyant que cette âme était ainsi aidée par ses oraisons, dit cent *Pater* pour elle, et dès qu'il les eut dits, cette âme dit : « Je te remercie, très cher père, de la part de Dieu, de la charité que tu as eue envers moi ; car par ton oraison je suis délivrée de toutes les peines et, ainsi, je m'en vais au Royaume céleste. » Et cela dit, cette âme s'en alla.

Alors frère Conrad, pour donner allégresse et confort aux frères, leur raconta dans son ordre toute cette vision. Et ainsi l'âme de cet enfant s'en alla au Paradis par les mérites de frère Conrad.

---

1. Conrad d'Offida mourut à Bastia, près d'Assise, le 12 décembre 1306.

44

Comment la Mère du Christ et saint Jean l'Evangéliste et saint François apparurent à frère Pierre, et lui dirent lequel d'entre eux endura le plus de douleur de la Passion du Christ.

Au temps où demeuraient ensemble dans la Custodie d'Ancône, au couvent de Forano, les susdits frère Conrad et frère Pierre (qui étaient deux étoiles brillantes dans la province de la Marche et deux hommes célestes) ; car il y avait entre eux tant d'amour et tant de charité qu'il semblait n'y avoir entre eux deux qu'un même cœur et qu'une même âme, ils se lièrent ensemble par ce pacte : toute consolation que leur ferait la miséricorde de Dieu, ils devraient se la révéler l'un à l'autre en toute charité.

Ce pacte conclu ensemble, il advint un jour, que frère Pierre étant en oraison et pensant pieusement à la passion du Christ, et comment la bienheureuse Mère du Christ et saint Jean le disciple bien-aimé et saint François étaient peints au pied de la croix, crucifiés avec le Christ, par la douleur de leur âme, il lui vint le désir de savoir lequel de ces trois avait eu la plus grande douleur de la passion du Christ : ou la Mère qui l'avait engendré, ou le disciple qui avait reposé sur son sein, ou saint François qui était crucifié avec le Christ. Et comme il était en cette pieuse pensée, la Vierge Marie lui apparut avec saint Jean l'Evangéliste et avec saint François, vêtus de très beaux vêtements de gloire bienheureuse ; mais saint François paraissait vêtu d'une plus belle robe que saint Jean. Et frère Pierre étant tout effrayé par cette vision, saint Jean le réconforta, et lui dit : « Ne crains point, frère bien-aimé, car nous sommes venus te consoler et t'éclairer sur ton doute. Sache donc que la Mère du Christ et moi avons souffert de la passion du Christ plus que toute autre créature ; mais après nous, saint François en eut plus grande douleur que nul autre ; c'est pour cela que tu le vois en une telle gloire ».

Et frère Pierre lui demande : « Très saint Apôtre du Christ, pourquoi le vêtement de saint François paraît-il plus beau que le tien ? » Saint Jean répondit : « La raison est celle-ci : parce que, quand il était dans le monde, il porta des vêtements plus vils que moi ». Et ces paroles dites, saint Jean donna à frère Pierre un vêtement glorieux qu'il portait en main et lui dit : « Prends ce vêtement, je l'ai apporté pour te le donner ». Et Saint Jean voulant le vêtir de ce vêtement, frère Pierre, stupéfait, tomba à terre et commença à crier : « Frère Conrad, frère Conrad bien-aimé, accours vite ; viens voir des choses merveilleuses ». Sur ces paroles, cette sainte vision disparut. Puis, frère Conrad arrivant, il lui raconta toute chose dans l'ordre ; et ils remercièrent Dieu.

45

De la conversion, vie et miracles et de la mort du saint frère Jean de la Penna.[1]

Frère Jean de la Penna étant enfant et séculier dans la province de la Marche, une nuit, un très bel enfant lui apparut : il l'appela, disant : « Ô Jean, va à Saint Etienne où prêche un de mes frères ; crois à sa doctrine et suis ses paroles, car je l'y ai envoyé. Et ceci fait, tu as à faire un grand voyage, et puis tu viendras à moi ». A ces mots, l'enfant se leva immédiatement et sentit un grand changement dans son âme. Il alla à Saint Etienne et y trouva une grande multitude d'hommes et de femmes qui étaient là pour entendre le sermon. Et celui qui devait prêcher était un frère, qui avait nom Philippe ; il était un des premiers frères qui étaient venus dans la Marche d'Ancône (peu de couvents étaient alors établis dans la Marche). Ce frère Philippe monta en chaire pour prêcher ; et il prêcha très pieusement, non pas avec des paroles de sagesse humaine, mais avec la vertu de l'esprit du Christ, annonçant le royaume de la vie éternelle.

Et le sermon terminé, ledit enfant s'en alla trouver ledit frère Philippe et lui dit : « Père, s'il vous plaisait de me recevoir dans l'Ordre, je ferais volontiers pénitence et je servirais notre Seigneur Jésus-Christ ». Frère Philippe, voyant et reconnaissant dans cet enfant une merveilleuse innocence et une prompte volonté de servir Dieu, lui dit : « Tu viendras à moi tel jour à Recanati, et je te ferai recevoir » ; dans ce couvent devait se faire le chapitre provincial. De cela, l'enfant qui était très pur, pensa que c'était le grand voyage qu'il devait faire, selon la révélation qu'il avait eue, et puis qu'il s'en irait au paradis ; et ainsi croyait-il faire aussitôt qu'il serait reçu dans l'Ordre.

Il alla donc, et fut reçu. Et voyant alors que sa pensée ne se réalisait pas, et le ministre disant en chapitre qu'à quiconque voulait aller dans la province de Provence, par le mérite de la sainte obéissance, il lui en donnerait volontiers la permission, il lui vint un grand désir de s'y rendre, pensant dans son cœur que c'était là le grand voyage qu'il devait faire, avant d'aller au paradis. Mais il avait honte de le dire. Finalement, se confiant au susdit frère Philippe qui l'avait fait recevoir dans l'Ordre, il le pria avec affection de lui obtenir la grâce d'aller dans la province de Provence.

Alors frère Philippe, voyant sa pureté et la sainteté de son intention, lui obtint cette permission. Aussi frère Jean se mit-il en route dans une grande joie, avec l'idée qu'au bout de cette route, il s'en irait au paradis. Mais, comme il plut à Dieu, il demeura vingt-cinq ans dans ladite province, dans cette attente et dans ce désir, menant une vie très honnête et très sainte, et très exemplaire, croissant toujours en vertu et dans la grâce de Dieu et du peuple ; et il était suprêmement aimé des frères et des séculiers.

Frère Jean étant un jour pieusement en oraison pleurant et se lamentant parce que son désir ne se réalisait pas et que son pèlerinage en cette vie se prolongeait trop, le Christ béni lui apparut, dont la vue fit se fondre son âme. Et le Christ lui dit : « Frère Jean, mon fils, demande-moi ce que tu veux ». Et il répondit : « Mon Seigneur, je ne sais te demander rien d'autre que toi-même ; car je ne désire aucune autre chose ; mais je te prie seulement de me pardonner tous mes péchés, et donne-moi la grâce de te revoir une autre fois quand j'en aurai le plus besoin ». Le Christ dit : « Ta prière est exaucée ». Et ceci dit, il partit ; et frère Jean resta tout consolé et réconforté.

Les frères de la Marche entendant la renommée de sa sainteté, firent tant auprès du général, qu'il lui envoya l'obédience de retourner dans la Marche. Il reçut joyeusement cette obédience et se mit en route, pensant que ce chemin accompli, il devait s'en aller au ciel selon la promesse du Christ. Mais retournant dans la province de la Marche il y vécut trente ans et ne fut reconnu par aucun de ses parents et chaque jour il attendait que la miséricorde de Dieu lui tînt sa promesse. Et pendant ce temps, il remplit plusieurs fois l'office de gardien avec une grande discrétion ; et Dieu se servit de lui pour beaucoup de miracles. Et parmi les autres dons qu'il eut de Dieu, il eut l'esprit de prophétie.

Aussi une fois, étant hors du couvent, il connut ceci : un de ses novices fut attaqué par le démon et tenté si fortement, que, cédant à la tentation, il résolut en lui-même de sortir de l'Ordre dès que frère Jean serait rentré. Frère Jean connaissant cette tentation et cette résolution par esprit de prophétie retourna aussitôt à la maison ; il appela près de lui ledit novice, et lui dit qu'il voulait qu'il se confessât. Mais avant de le confesser il lui raconta dans l'ordre toute sa tentation selon que Dieu le lui avait révélé ; et il conclut : « Mon fils, parce que tu m'as attendu et que tu n'as pas voulu partir sans ma bénédiction, Dieu t'a fait cette grâce ; tu ne sortiras jamais de cet Ordre, mais tu mourras dans l'Ordre avec la grâce divine ». Alors ledit novice fut confirmé dans sa bonne volonté et, restant dans l'Ordre, il devint un saint frère. Et toutes ces choses me furent rapportées à moi, frère Hugolin par ledit frère Jean ; c'était un homme joyeux, rempli de calme et qui parlait rarement ; c'était un homme de grande oraison et de dévotion, et spécialement après Matines, il ne dormait jamais, ni ne retournait dans sa cellule, mais il restait en prière dans l'église jusqu'au jour. Et étant en prière une nuit après Matines, l'ange de Dieu lui apparut et lui dit : « Frère Jean, tu as terminé ton voyage, ce voyage dont tu as si longtemps attendu la fin, et pour cela je t'annonce de la part de Dieu ; si tu demandes n'importe quelle grâce que tu voudras, elle te sera accordée. Et je t'annonce aussi de choisir ce que tu voudras : ou un jour en purgatoire ou sept jours de peines en ce monde ».

Choisissant les sept jours de peines en ce monde, frère Jean tomba subitement malade de diverses maladies ; car une forte fièvre le prit, et la goutte dans les mains et dans les pieds, un mal au côté et beaucoup d'autres maux. Mais ce qui lui faisait le plus mal et qui pour lui était le pire, c'était qu'un démon se tenait toujours devant lui et avait à la main un grand papier sur lequel étaient écrits tous les péchés qu'il avait faits ou pensés, et qui lui disait : « Pour ces péchés que tu as commis en pensées, et en paroles et en actions, tu es damné au plus profond de l'enfer ». Et lui, il ne se souvenait d'aucun bien qu'il eût jamais fait, ni qu'il fût dans l'Ordre, ni qu'il y fût jamais entré ; mais il pensait aussi être damné comme le démon le disait. C'est pourquoi, quand on lui demandait comment il allait, il répondait : « Mal, parce que je suis damné ».

Les frères voyant cela s'étonnèrent, et envoyèrent chercher un frère ancien qui avait nom frère Matthieu de Monte Rubbiano ; il était un saint homme et un grand ami de ce frère Jean. Ledit frère Matthieu arriva près de frère Jean le septième jour de sa tribulation, et le saluant, il lui demanda comment il allait. Il lui répondit qu'il allait mal, car il était damné. Alors frère Matthieu lui dit : « Ne te souviens-tu pas de toutes les fois où tu t'es confessé à moi, et où je t'ai entièrement absous de tous tes péchés ? Ne te souviens-tu pas encore que tu as servi Dieu dans cet Ordre de très longues années ? Ensuite : ne te souviens-tu pas que la miséricorde de Dieu surpasse tous les péchés du monde et que le Christ béni, notre Sauveur, paya, pour nous racheter, un prix infini ? Et pour cela, aie bon espoir, car pour sûr tu es sauvé ». Et sur ces paroles, car le terme de la purification était arrivé, la tentation disparut et la consolation vint.

Et avec une grande joie, frère Jean dit à frère Matthieu : « Parce que tu es fatigué et qu'il est tard, je te prie d'aller te reposer ». Et frère Matthieu ne voulait pas le laisser, mais finalement, sur ses vives instances, il le quitta et alla se reposer. Et frère Jean resta seul avec le frère qui le servait. Et voici que le Christ béni vint dans une très grande splendeur et avec une très grande suavité de parfums, selon qu'il lui avait promis de lui apparaître une autre fois quand il en aurait un plus grand besoin ; et il le guérit parfaitement de toutes ses maladies. Alors frère Jean, les mains jointes, lui rendant grâce parce qu'il avait terminé heureusement son grand voyage de la présente et misérable vie, se remit aux mains du Christ et rendit son âme, passant de cette vie mortelle à la vie éternelle avec le Christ béni, qu'il avait si longtemps désiré et attendu. Et ledit frère Jean repose dans le couvent de la Penna de Saint Jean.

---

1. C'est à partir du chapitre général de 1217 que les missions franciscaines commencèrent à rayonner par toute l'Europe. Un groupe de frères «e dirigea, alors, ver» l'Allemagne, sous la direction d'an frère Jean de la Penna. Est-ce le même que celui dont nous entretient le narrateur des Fioretti ou un homonyme ?

46

Comment frère Pacifique, étant en oraison, vit l'âme de frère Humble, son frère, aller au ciel.

Dans ladite province de la Marche, après la mort de saint François, il y eut dans l'Ordre deux frères, nommés l'un frère Humble et l'autre frère Pacifique, lesquels étaient des hommes de très grande sainteté et perfection. Et l'un, à savoir frère Humble, restait dans le logis de Soffiano et là il mourut ; et le second restait de famille en un autre logement éloigné. Et, comme il plut à Dieu, frère Pacifique, se trouvant un jour en oraison dans un lieu solitaire, fut ravi en extase et vit l'âme de son frère, frère Humble, aller tout droit au Ciel, sans aucun retard ou empêchement, au moment qu'elle se séparait du corps. Il advint que depuis, après beaucoup d'années, ce frère Pacifique fut placé en communauté dans ledit logis de Soffiano où son frère était mort. En ce temps, les frères, à la requête des seigneurs de Bruforte, transférèrent ledit logis en un autre endroit : de sorte que, entre autres choses, ils transportèrent les reliques des saints frères qui étaient morts en ce lieu.

Et, arrivant à la sépulture de frère Humble, son frère, frère Pacifique, prit ses os et les lava avec du bon vin, les enveloppa ensuite dans une nappe blanche, et, avec grande révérence et dévotion, les baisait et pleurait ; ce dont les autres frères s'étonnaient et ne recevaient point de lui bon exemple. Car, étant homme de grande sainteté, il paraissait qu'il pleurât son frère par amour sensuel et séculier et qu'il montrât plus de dévotion à ses restes qu'à ceux des autres frères, lesquels avaient été de non moindre sainteté que frère Humble et étaient dignes d'autant de respect.

Mais, frère Pacifique, connaissant la fausse imagination des frères, les satisfit humblement et leur dit : « Mes très chers frères, ne vous étonnez pas si j'ai fait pour les ossements de mon frère ce que j'ai fait, bien que je ne l'aie pas fait pour les autres ; car, béni soit Dieu, aucun amour charnel ne m'a, comme vous croyez, entraîné à cela, mais j'ai agi ainsi parce que, quand mon frère passa de cette vie, priant en un lieu désert et éloigné de lui, je vis son âme s'élever en droit chemin vers le Ciel, et, à cause de cela, je suis sûr que ses ossements sont saints et doivent un jour être en Paradis. Et si Dieu m'avait accordé une telle certitude pour les autres frères, avec le même respect aurais-je traité leurs os. » Les frères voyant de cette façon sa sainte et dévote intention, furent bien édifiés par lui et louèrent Dieu qui fait d'aussi miraculeuses choses en faveur de ses saints frères.

47

De ce saint frère auquel la Mère du Christ apparut quand il était malade et lui apporta trois boîtes d'électuaire.

Dans le susdit couvent de Saffiano il y eut autrefois un frère mineur de si grande sainteté et d'une telle grâce, qu'il paraissait tout divin et souventefois était ravi en Dieu. Ce frère étant parfois tout absorbé et élevé en Dieu, parce qu'il avait surtout la grâce de la contemplation, des oiseaux de diverses espèces venaient à lui et, familièrement, se posaient sur ses épaules, sur sa tête et sur ses bras et sur ses mains, et chantaient merveilleusement. Ce frère était très ami de la solitude et ne parlait que rarement ; mais quand il était interrogé sur quelque chose, il répondait si gracieusement et si sagement, qu'il paraissait plutôt un ange qu'un homme ; et il était homme de très grande oraison et contemplation, et les frères l'avaient en grand respect.

Ce frère achevant le cours de sa vertueuse vie, selon la volonté divine, tomba si dangereusement malade, qu'il ne pouvait rien prendre. Et avec cela, il ne voulait recevoir aucune médecine terrestre ; mais toute sa confiance était dans le médecin céleste, Jésus-Christ béni, et dans sa Mère bénie, de qui il mérita par la divine clémence d'être miséricordieusement visité et consolé. Aussi, étant une fois sur son lit et se préparant à la mort de tout son cœur et avec une très grande dévotion, la glorieuse et très bienheureuse Mère de Jésus-Christ, la Vierge Marie, lui apparut, entourée d'une très grande multitude d'anges et de vierges saintes et dans une merveilleuse splendeur, et elle s'approcha de son lit. Et lui, la regardant, en éprouva un très grand réconfort et une allégresse aussi bien dans son âme que dans son corps ; et il commença à la supplier humblement, de bien vouloir prier son Fils bien-aimé, que par ses mérites, il le tire de la prison de cette misérable chair. Et comme il persévérait dans cette prière avec beaucoup de larmes, la Vierge Marie lui répondit, en l'appelant par son nom : « Ne crains point, mon fils, car ta prière est exaucée, et je suis venue pour te réconforter un peu, avant que tu ne partes de cette vie ».

A côté de la Vierge Marie étaient trois vierges saintes, qui portaient en main trois boîtes d'électuaire, d'une inexprimable et suave odeur. Alors la glorieuse Vierge Marie prit une de ces boîtes et l'ouvrit et toute la maison en fut parfumée ; et prenant de cet électuaire avec une cuillère elle en donna au malade. Celui-ci, aussitôt qu'il en eut goûté, sentit un si grand réconfort et une telle douceur, qu'il semblait que son âme ne pût demeurer dans son corps. C'est pourquoi il commença à dire : « Ô très douce Mère de Jésus-Christ, ne m'en donnez plus, Vierge bénie, vous qui avez sauvé la race humaine ; ne m'en donnez plus, ô guérisseuse bénie ; ne m'en donnez plus, je ne puis supporter tant de douceur ».

Mais la compatissante et bienveillante Mère, pourtant, présentait souvent de cet électuaire au malade, et en le lui faisant prendre, vida toute la boîte. Puis, la première boîte vidée, la Vierge bénie prit la seconde boîte et y mit la cuillère pour lui en donner. Alors, celui-ci se lamentant doucement : « Ô bienheureuse Mère de Dieu, si mon âme s'est comme toute liquéfiée par l'odeur et la douceur du premier électuaire, comment pourrai-je supporter le second ? Je te prie, ô bénie au-dessus de tous les saints et au-dessus de tous les anges, de ne plus vouloir m'en donner ». Notre-Dame répondit : « Goûte, encore un peu, mon fils, de cette seconde boîte ». Et lui en donnant un peu, dit : « Désormais, mon fils, tu en as autant qu'il t'en faut. Réconforte-toi, mon fils, car bientôt je viendrai pour toi et je te conduirai au royaume de mon Fils, que tu as toujours cherché et désiré ».

Et ceci dit, ayant pris congé de lui, elle partit, et il resta si consolé et si réconforté par la douceur de cet électuaire, que, pendant plusieurs jours, il survécut rassasié et fort sans prendre aucune nourriture corporelle, et après quelques jours, parlant gaiement avec les frères, il passa de cette vie misérable à la vie bienheureuse dans une grande allégresse et jubilation.

4 8

Comment frère Jacques de la Massa vit en une vision tous les frères mineurs du monde sous l'aspect d'un arbre et connut la vertu, les mérites et les vices de chacun.

Frère Jacques de la massa, auquel Dieu ouvrit la porte de ses secrets et donna parfaite science et intelligence de la divine Ecriture et des choses futures, fut de tant de sainteté que frère Egide d'Assise et frère Marc de Montino, frère Junipère et frère Lucido dirent de lui qu'ils ne connaissaient dans le monde personne de supérieur auprès de Dieu à ce frère Jacques. J'eus grand désir de le voir parce que, priant frère Jean, compagnon dudit frère Egide, qu'il m'expliquât certaines choses spirituelles, il me dit :

« Si tu veux être bien instruit dans la vie spirituelle, tâche de parler avec frère Jacques de la Massa, car frère Egide désirait d'être instruit par lui ; et à ses paroles rien ne se peut ajouter ou retrancher, parce que son esprit a pénétré les secrets célestes et ses paroles sont paroles du Saint-Esprit : et il n'est sur terre aucun homme que je désirerais tant voir. »

Au commencement du ministère de frère Jean de Parme[1], ce frère Jacques, étant une fois à prier, fut ravi en Dieu et resta trois jours dans cet état, ravi en extase, suspendu de tout sentiment corporel et tellement insensible que les frères doutaient qu'il ne fût mort ; et en ce ravissement, il lui fut révélé de Dieu ce qui devait être et advenir de notre Religion : et quand j'appris cela, mon désir augmenta de l'entendre et de parler avec lui. Et quand il plut à Dieu que j'eusse possibilité de parler avec lui, je le priai de cette façon : « Si ce que j'ai entendu dire de toi est vrai, je te prie que tu ne me le tiennes point celé.

J'ai su que, lorsque tu restas trois jours presque mort, entre autres choses que Dieu te révéla fut ce qui devait advenir en cette Religion ; et j'ai ouï dire cela à frère Mathieu, ministre de la Marche, auquel tu le révélas par obéissance. « Alors frère Jacques, avec grande humilité, avoua que ce que frère Mathieu disait était vrai. Et son récit, c'est-à-dire celui de frère Mathieu, ministre de la Marche, était tel : « Je sais un frère auquel Dieu a révélé ce qui adviendra dans notre Religion ; car frère Jacques de la Massa m'a dit et manifesté, qu'après beaucoup de choses que Dieu lut révéla sur l'état de l'Eglise militante, il vit en une vision un arbre beau et très grand, la racine duquel était d'or ; ses fruits étaient des hommes, tous frères mineurs ; ses branches principales étaient divisées selon le nombre des provinces de l'Ordre et chaque rameau comptait autant de frères qu'il y en avait dans la province qu'il représentait Alors il sut le nombre de tous les frères de l'Ordre et de chaque province, et aussi leurs noms et âges, les conditions, les grands offices, les dignités et les grâces de tous, et les fautes.

Et il vit frère Jean de Parme à l'endroit le plus haut du rameau du milieu de l'arbre, et au faîte des branches qui étaient autour du rameau du milieu étaient les ministres de toutes les provinces. Et après cela il vit Christ siéger en un très grand trône blanc sur lequel Christ appelait saint François, lui donnait un calice rempli de l'esprit de vie et l'envoyait disant :

« Va et visite tes frères et donne-leur à boire de ce calice de l'esprit de vie ; car l'esprit de Satan se lèvera contre eux et les frappera et un grand nombre d'entre eux tombera et ne se relèvera plus. »

Et Christ donna deux anges à saint François pour qu'ils l'accompagnassent.

Et alors saint François vint présenter le calice de vie à ses frères et commença par le tendre à frère Jean de Parme, lequel, le prenant, le but tout entier, vivement et dévotement ; et il devint soudain tout lumineux comme le soleil. Et après lui, successivement, saint François le présenta à tous les autres ; et il y en avait peu de ceux-ci qui le prissent avec le respect et la dévotion convenables et le bussent tout entier. Et ceux qui dévotement le prenaient et le buvaient complètement devenaient tout à coup splendides comme le soleil ; et ceux qui le renversaient tout à fait ou ne le prenaient pas avec dévotion, devenaient noirs et obscurs et informes, et horribles à voir ; ceux qui en buvaient une partie et renversaient l'autre, devenaient partie lumineux, partie ténébreux, plus ou moins, selon la mesure de ce qu'ils avaient bu ou renversé. Mais, par-dessus tous les autres, le susdit frère Jean était resplendissant car il avait le plus complètement vidé le calice de vie, par lequel il avait plus profondément contemplé l'abîme de l'infinie lumière divine et connu en elle l'adversité et la tempête qui devaient se lever contre ledit arbre, secouer et ébranler ses rameaux. Pour cette raison, ledit frère Jean s'en alla de la cime du rameau sur lequel il était, et descendant sous tous les rameaux, il se cacha à la base de la souche de l'arbre ; et il se trouvait là, tout pensif, lorsqu'un frère[2] qui ; avait pris une partie du calice et renversé l'autre monta sur le rameau, en cet endroit d'où était descendu frère Jean. Et se trouvant dans ce lieu, les ongles des mains lui devinrent comme le fer aiguisé et tranchant d'un rasoir ; et alors il se mut du lieu où il était monté et, avec impétuosité et fureur, voulut se jeter sur ledit frère Jean pour lui nuire. Mais voyant cela, frère Jean cria fort et se recommanda à Christ, qui était assis sur le trône ; et à ce cri Christ appela saint François et lui donna une pierre à fusil tranchante et lui dit :

« Va avec cette pierre et taille les ongles de ce frère, à l'aide desquels il veut déchirer frère Jean, afin qu'il ne puisse lui nuire. »

Alors saint François vint et fit ainsi que Christ lui avait commandé. Et cela terminé, une tempête de vent souffla et frappa dans l'arbre, si fort que les frères en tombaient à terre ; et d'abord, tombaient tous ceux qui avaient versé tout le calice de l'esprit de vie et ils étaient portés par les Démons en lieux ténébreux et pénibles. Mais frère Jean, ensemble avec les autres qui avaient bu tout le calice, furent transportés par des Anges en un lieu de vie, de lumière éternelle et de splendeur bienheureuse. Et le susdit frère Jacques qui contemplait cette vision, connaissait et discernait particulièrement et distinctement ce qu'il voyait quant aux hommes, à la condition et à l'état de chacun, clairement. Et cette tempête fit si bien contre l'arbre qu'il tomba et le vent l'emporta. Et puis, dès que cessa la tempête, de la racine de cet arbre qui était d'or, un autre arbre sortit qui était tout d'or et produisit des feuilles, des fleurs et des fruits d'or. Et de cet arbre, de son épanouissement, de sa profondeur, beauté, odeur et vertu, il vaut mieux se taire que d'en parler à présent.

---

1. Ministre général en 1347, restaura l'esprit originel de l'Ordre dont son prédécesseur, Crescenze de Jesi, déposé par Innocent IV, s'était fort éloigné.
2. Certains ms. des *Actus* nomment ici saint Bonaventure qui avait succédé à Jean de Parme, en 1357.

49

Comment Jésus-Christ apparut à frère Jean de la Vernia.

Parmi les autres sages et saints frères et fils de saint François, qui, selon ce que dit Salomon, sont la gloire du Père, il y eut de nos jours, dans ladite province de la Marche, le vénérable frère Jean de Fermo. Il était aussi appelé Jean de la Vernia à cause du long temps qu'il demeura dans le saint lieu Jean de la Vernia et d'où il passa de cette vie, car il fut un homme de vie extraordinaire et de grande sainteté. Ce frère Jean, étant enfant dans le siècle, désirait de tout son cœur la vie de pénitence, qui garde la pureté du corps et de l'âme. Aussi, étant bien petit enfant, il commença à porter le cilice de mailles et le cercle de fer sur la chair, et à faire grande abstinence ; et spécialement quand il demeurait avec les chanoines de saint Pierre de Fermo, qui vivaient magnifiquement, il fuyait les délices corporelles et macérait son corps par une abstinence très rigoureuse. Mais, ses compagnons, ayant en cela des idées très opposées, le privaient de son cilice et empêchaient de diverses manières son abstinence ; lui, inspiré de Dieu, décida de laisser le monde et ceux qui l'aiment et de s'offrir tout entier dans les bras du Crucifié, sous l'habit de saint François crucifié ; et il fit ainsi. Etant donc reçu dans l'Ordre tout enfant, et confié aux soins du maître des novices, il devint si spirituel et si pieux, que parfois, entendant son maître parler de Dieu, son cœur se fondait comme la cire près du feu ; et lui, se réchauffait avec une si grande suavité de grâce dans l'amour divin que, ne pouvant rester immobile et supporter tant de suavité, il se levait et, comme ivre d'esprit, se mettait à courir, tantôt par le jardin, tantôt par le bois, tantôt vers l'église, selon que le poussaient la flamme et l'élan de l'esprit.

Puis, par la suite du temps, la grâce divine fit croître continuellement cet homme angélique de vertu en vertu, et en dons célestes, et en divines élévations et en ravissements ; si bien que parfois, son esprit était élevé aux splendeurs des chérubins, parfois aux ardeurs des séraphins, parfois aux joies des bienheureux, parfois aux embrassements amoureux et excessifs du Christ, non seulement par des sensations spirituelles intérieures, mais aussi par des signes formels extérieurs et des sensations corporelles. Et une fois, en particulier, la flamme du divin amour embrasa son cœur d'une manière excessive, et cette flamme dura bien en lui trois années. En ce temps, il recevait de merveilleuses consolations et visites divines, et souventefois il était ravi en Dieu ; en peu de mots, dans ledit temps, il paraissait tout enflammé et brûlant de l'amour du Christ ; et ceci se passait sur la sainte montagne de la Vernia.

Mais parce que Dieu prend un soin tout spécial

de ses fils, en leur donnant, selon la diversité des temps, tantôt la consolation, tantôt la tribulation, tantôt la prospérité, tantôt l'adversité, comme il voit qu'il leur est nécessaire pour les maintenir dans l'humilité, ou bien pour enflammer davantage leur désir des choses célestes ; il plut à la divine bonté, après les trois années, de soustraire ledit frère Jean à ce rayon et à cette flamme du divin amour, et elle le priva de toute consolation spirituelle. Par la suite, frère Jean resta sans lumière et sans amour de Dieu, et tout désolé et affligé et attristé. Et pour cela, il s'en allait ainsi, angoissé, à travers la forêt, courant çà et là, appelant par des paroles et des pleurs et des soupirs l'époux bien-aimé de son âme, qui s'était caché et l'avait quitté, et sans la présence duquel son âme ne trouvait ni paix ni repos. Mais en aucun lieu et en aucune manière il ne pouvait retrouver le doux Jésus, ni se rattacher de nouveau à ces suaves sensations spirituelles de l'amour du Christ, comme il était accoutumé. Et cette tribulation lui dura de nombreux jours, pendant lesquels il persévéra continuellement à pleurer et à soupirer et à prier Dieu qu'il lui rendît par sa miséricorde l'époux bien-aimé de son âme.

A la fin, quand il plut à Dieu d'avoir beaucoup éprouvé sa patience et enflammé son désir, un jour que frère Jean s'en allait ainsi affligé et malheureux à travers ladite forêt, et que, par lassitude, il s'était assis, s'appuyant à un hêtre, et qu'il demeurait le visage baigné de larmes regardant vers le ciel, voici que subitement Jésus-Christ apparut près de lui dans le sentier par où frère Jean était venu mais il ne disait rien. Frère Jean le voyant et reconnaissant qu'il était le Christ, se jeta aussitôt à ses pieds, et avec des pleurs démesurés, il le priait très humblement et disait :

« Secours-moi, ô mon Seigneur, car sans toi, mon très doux sauveur, je suis dans les ténèbres et dans les pleurs ; sans toi, très doux agneau, je suis dans les angoisses et dans les peines et dans la peur ; sans toi, Fils du Dieu très-haut, je suis dans la confusion et dans la honte ; sans toi, je suis dépouillé de tout bien et aveuglé, parce que tu es Jésus, la vraie lumière des âmes ; sans toi, je suis perdu et damné, car tu es la vie des âmes et la vie des vies ; sans toi, je suis stérile et aride, parce que tu es la source de tout don et de toute grâce ; sans toi, je suis tout désolé, car tu es Jésus, notre rédemption, notre amour, notre désir, pain réconfortant et vin qui réjouit les chœurs des anges et les cœurs de tous les saints. Eclaire-moi, maître très gracieux et pasteur très compatissant, car je suis, bien qu'indigne, ta petite brebis ».

Mais parce que le désir des hommes saints, que Dieu tarde à exaucer, les enflamme à un plus grand amour et mérite, le Christ béni part sans l'exaucer et sans rien lui dire et s'en va par ledit sentier. Alors frère Jean se lève et court derrière lui ; et de nouveau il se jette à ses pieds, et avec une sainte importunité le retient, et avec dévotion et larmes le prie, et dit : « Ô très doux Jésus, aie pitié de moi, qui suis malheureux ; exauce-moi, par l'abondance de ta miséricorde et par la vérité de ton salut, et rends-moi la joie de ton visage et de ton regard compatissant, car toute la terre est pleine de ta miséricorde ». Et le Christ part encore, et ne lui dit rien et ne lui donne aucune consolation ; et il agit comme une mère avec son enfant quand elle lui fait désirer ardemment la mamelle et le fait venir derrière elle en pleurant, afin qu'il la prenne ensuite plus volontiers. Alors frère Jean, avec une ferveur plus grande encore et un plus grand désir, suit le Christ ; et lorsqu'il l'a rejoint, le Christ béni se retourne vers lui et le regarde avec un visage plein d'allégresse et de grâce ; et ouvrant ses bras très saints et miséricordieux, l'embrasse très doucement. Et lorsqu'il ouvrit les bras, frère Jean vit sortir de la poitrine très sainte du Sauveur de merveilleux rayons de lumière qui illuminèrent toute la forêt et lui aussi en son âme et en son corps.

Alors frère Jean s'agenouilla aux pieds du Christ ; et le Christ béni lui tendit avec bienveillance, son pied à baiser, de la même façon qu'à la Madeleine ; et frère Jean, le prenant avec un respect extrême, le baigna de tant de larmes qu'il paraissait vraiment une autre Madeleine, et il disait dévotement : « Je te prie, mon Seigneur, de ne pas regarder à mes péchés ; mais par ta très sainte passion et par ton précieux sang répandu, ressuscite mon âme dans la grâce de ton amour ; puisque cela est ton commandement : que nous t'aimions de tout notre cœur et de toute notre affection ; commandement que personne ne peut accomplir sans ton aide. Aide-moi donc, très aimant Fils de Dieu, afin que je t'aime de tout mon cœur et de toutes mes forces ».

Et comme frère Jean demeurait ainsi, aux pieds de Jésus-Christ, prononçant ces paroles, il fut exaucé par lui et recouvra de lui la première grâce, c'est-à-dire la flamme du divin amour, et il se sentit tout renouvelé et consolé. Et connaissant que le don de la grâce divine était revenu en lui, il commença à remercier le Christ béni et à baiser dévotement ses pieds. Et puis, se redressant pour regarder le Sauveur en face, le Christ lui tendit et lui offrit ses mains très saintes à baiser. Et après que frère Jean les eut baisées, il s'approcha jusqu'à la toucher de la poitrine de

Jésus, et il étreignit et baisa cette poitrine très sacrée ; et le Christ, pareillement, l'étreignit et le baisa. Et dans cette étreinte et ces baisers, frère Jean sentit une telle odeur divine que si tous les aromates et toutes les choses odoriférantes du monde avaient été réunis ensemble, ils auraient paru sentir mauvais en comparaison de cette odeur. Et frère Jean fut alors tout ravi en elle, et consolé et illuminé. Et cette odeur dura de nombreux mois dans son âme. Et dorénavant, de sa bouche abreuvée à la source de la divine sagesse dans la poitrine sacrée du Sauveur, sortaient des paroles merveilleuses et célestes, qui transformaient les cœurs de qui les entendait et faisaient un grand fruit dans les âmes. Et dans le sentier de la forêt où se posèrent les pieds bénis du Christ, et loin alentour, frère Jean sentait toujours cette odeur et voyait cette splendeur, quand il y allait longtemps après. Frère Jean, revenant à lui après ce ravissement, et la présence corporelle du Christ ayant disparu, demeura si illuminé dans l'âme, si abîmé dans sa divinité, que, bien qu'il ne fût pas un homme lettré par l'étude humaine, néanmoins il savait résoudre et expliquer les questions les plus subtiles et les plus hautes sur la Trinité divine et les profonds mystères de l'Ecriture Sacrée. Et bien des fois ensuite, parlant devant le pape et les cardinaux, et devant les rois et les barons, les maîtres et les docteurs, il les mettait tous dans une grande stupeur par les hautes paroles et les profondes sentences qu'il prononçait.

50

Comment, en disant la messe le Jour des Morts, frère Jean de la Vernia vit un grand nombre d'âmes libérées du Purgatoire.

Ledit frère Jean disant une fois la Messe, le jour après la Toussaint, pour toutes les âmes des morts, selon que l'Eglise l'a ordonné, offrit avec une telle affection de charité et avec une telle piété de compassion ce très haut sacrement (que les âmes des morts, à cause de son efficacité, désirent par-dessus tous les autres biens que l'on peut faire pour eux), qu'il paraissait se consumer tout entier par douceur de piété et de charité fraternelle. Et pour cela, en cette Messe, levant dévotement le corps du Christ, l'offrant à Dieu le Père et le priant que, par l'amour de son Fils béni, Jésus-Christ, qui pour racheter les âmes était pendu à la croix, il lui plût de délivrer des peines du purgatoire les âmes des morts par lui créées et rachetées, il vit aussitôt un nombre presque infini d'âmes sortir du purgatoire, à la manière d'innombrables étincelles de feu qui sortiraient d'une fournaise ardente et il les vit monter au ciel par les mérites de la passion du Christ, qui est offert chaque jour pour les vivants et pour les morts dans cette hostie très sacrée, digne d'être adorée *in sæcula sæcuiorum*[1].

---

1. Dans les siècles des siècles.

51

Du saint frère Jacques de Fallerone et comment après sa mort il apparut à frère Jean de la Vernia.

Au temps où Jacques de Falerone, homme de grande sainteté, était gravement malade dans le couvent de Moliano de la custodie de Fermo, frère Jean, dit de la Vernia, qui demeurait alors au couvent de Massa, apprenant sa maladie, se mit en prière pour lui, parce qu'il l'aimait comme son cher père, priant Dieu dévotement, dans une oraison mentale, qu'il rendit la santé du corps audit frère Jacques, si c'était le mieux pour son âme.

Et étant en cette pieuse oraison, il fut ravi en extase et vit dans l'air une grande armée d'anges et de saints se tenir au-dessus de sa cellule, qui était dans le bois, au milieu d'une telle splendeur que toute la contrée d'alentour en était illuminée. Et parmi ces anges il vit ce frère Jacques malade, pour qui il priait, se tenir tout resplendissant en vêtements blancs. Il vit encore parmi eux le bienheureux père saint François orné des sacrés stigmates du Christ et dans une grande gloire. Il y vit encore et y reconnut le saint frère Lucide et frère Matthieu l'ancien de Monte Rubbiano, et plusieurs autres frères qu'il n'avait jamais vus, ni connus en cette vie ; et frère Jean regardant ainsi avec un grand plaisir cette bienheureuse troupe de saints, il lui fut révélé comme certain le salut de l'âme dudit frère malade, et qu'il devait mourir de cette maladie ; mais qu'il ne devait pas aller au paradis aussitôt après la mort, parce qu'il lui fallait se purifier un peu au purgatoire. De cette révélation frère Jean eut une telle joie pour le salut de l'âme, que la mort du corps ne lui faisait rien : mais avec une grande douceur d'esprit il appelait le malade, disant en lui-même : « Frère Jacques, mon doux père, frère Jacques, mon doux frère, frère Jacques très fidèle serviteur et ami de Dieu, frère Jacques compagnon des anges et associé des bienheureux ! »

Ainsi, dans cette certitude et dans cette joie, il revint à lui ; et sur-le-champ il partit du couvent et alla visiter ledit frère Jacques à Moliano.

Et trouvant son état si aggravé qu'à peine pouvait-il parler, il lui annonça la mort du corps et le salut et la gloire de l'âme, selon la certitude qu'il en avait eue par la révélation divine. De cela, frère Jacques en eut l'âme et la figure toutes réjouies, il le reçut avec une grande allégresse et avec un visage joyeux, le remerciant des bonnes nouvelles qu'il lui apportait et se recommandant dévotement à lui. Alors frère Jean le pria tendrement de revenir vers lui après sa mort et de lui parler de son état ; et frère Jacques le lui promit, s'il plaisait à Dieu. Et ces paroles dites, l'heure de son trépas s'approchant, frère Jacques commença à dire dévotement ce verset du psaume : « Je m'endormirai et je reposerai en paix dans la vie éternelle » ; et ce verset récité, le visage gai et joyeux, il passa de cette vie.

Et après qu'il eut été enseveli, frère Jean retourna au couvent de Massa, et attendait la promesse de frère Jacques de revenir vers lui au jour dit. Mais le jour dit, alors qu'il était en prière, le Christ lui apparut avec une grande suite d'anges et de saints, parmi lesquels n'était pas frère Jacques ; aussi frère Jean s'en étonnant beaucoup, le recommanda dévotement au Christ. Puis, le jour suivant, frère Jean priant dans le bois, frère Jacques lui apparut accompagné d'anges, tout glorieux et joyeux. Et frère Jean lui dit : « Ô père, pourquoi n'es-tu pas revenu vers moi le jour que tu m'avais promis ? » Frère Jacques répondit : « Parce que j'avais besoin de quelque purification ; mais à cette heure même où le Christ t'apparut et où tu me recommandas à lui, le Christ t'exauça et me délivra de toute peine ». Et ces paroles dites, frère Jacques disparut, et s'en alla au ciel avec toute cette bienheureuse compagnie d'anges ; et frère Jean demeura très consolé. Ledit frère Jacques de Falerone mourut la veille de saint Jacques apôtre, au mois de Juillet, dans le susdit couvent de Moliano, où, par ses mérites, la divine bonté opéra, après sa mort, beaucoup de miracles.

52

De la vision de frère Jean de la Vernia où il connut l'ordre de la Sainte Trinité.

Le susdit frère Jean de la Vernia, parce qu'il avait parfaitement renoncé à tout plaisir et à toute consolation mondaine et temporelle et avait mis en Dieu tout son plaisir et toute son espérance, la divine bonté lui donnait de merveilleuses consolations et révélations, spécialement aux fêtes solennelles du Christ. Ainsi, une fois, la solennité de la Nativité du Christ s'approchant, en laquelle, il attendait avec certitude des consolations de Dieu par la douce humanité de Jésus, l'Esprit-Saint lui mit dans l'âme si grand et si excessif amour et ferveur de la charité du Christ, (par laquelle il s'était humilié à prendre notre humanité), qu'il lui paraissait vraiment que l'âme lui fût retirée du corps et qu'elle brûlât comme une fournaise. Ne pouvant supporter une telle ardeur, il s'angoissait et se consumait tout entier, et criait à haute voix ; parce que par l'ardeur de l'Esprit-Saint et par la ferveur de l'amour, il ne pouvait s'empêcher de crier. Et en ce moment où cette ardeur démesurée lui venait, il lui venait avec elle l'espérance du salut si forte et si certaine qu'il ne croyait pas le moins du monde, que s'il fût alors à la mort, il dût passer par les peines du purgatoire.

Et cet amour lui dura bien une demi-année, bien que cette excessive ferveur, il ne l'eût point de façon continue, mais qu'elle ne lui vînt qu'à certaines heures du jour. Et en ce temps et ensuite il reçut beaucoup de merveilleuses visites et consolations de Dieu ; et plusieurs fois il fut ravi en Dieu, comme le vit ce frère qui en premier lieu écrivit ces choses. Parmi lesquelles, il fut une nuit si élevé et ravi en Dieu, qu'il vit en lui, le Créateur, toutes les choses créées, celles du ciel et celles de la terre et toutes leurs perfections et degrés et ordres distincts. Et alors il connut clairement comment toute chose créée représentait son Créateur, et comment Dieu est au-dessus et au dedans et au dehors et à côté de toutes les choses créées. Après il connut un Dieu en trois personnes et trois personnes en un Dieu, et l'infinie charité qui fit s'incarner le Fils de Dieu par obéissance au Père.

Et finalement il connut en cette vision comment il n'y avait nulle autre voie, par laquelle l'âme pût aller à Dieu et avoir la vie éternelle, sinon par le Christ béni, qui est la voie, la vérité et la vie de l'âme.

53

Comment, en disant la messe, frère Jean de la Vernia tomba comme s'il était mort.

Audit frère Jean, dans le susdit couvent de Moliano, selon le récit qu'en firent les frères qui étaient présents, il advint une fois cet admirable événement : la première nuit après l'octave de saint Laurent et dans l'octave de l'Assomption de Notre-Dame, ayant dit Matines à l'église avec les autres frères et survenant en lui l'onction de la grâce divine, il s'en alla dans le jardin contempler la passion du Christ, et se disposer avec toute sa dévotion à célébrer la messe, que ce matin-là il lui revenait de chanter. Et étant en contemplation des paroles de la consécration du corps du Christ, c'est-à-dire : « Ceci est mon corps », (en latin : *Hoc est corpus meum*) et considérant l'infinie charité du Christ, par laquelle il voulut non seulement nous racheter de son précieux sang, mais aussi nous laisser pour nourriture de nos âmes son corps et son sang très sacrés ; l'amour du doux Jésus commença à croître en lui avec tant de ferveur et tant de suavité, que déjà son âme ne pouvait plus supporter tant de douceur, mais il criait fort et, comme ivre d'esprit, il ne cessait de dire en lui-même : *Hoc est corpus meum* ; car, en disant ces paroles, il lui paraissait voir le Christ béni avec la Vierge Marie et une multitude d'anges. Et en ces paroles, il était éclairé par l'Esprit-Saint de tous les profonds et hauts mystères de ce très haut sacrement.

Et quand ce fut l'aurore, il entra dans l'église en cette ferveur d'esprit et avec cette angoisse, en disant ces mots, croyant n'être ni entendu ni vu de personne ; mais dans le chœur était un frère en prière, qui voyait et entendait tout. Et ne pouvant en cette ferveur, se contenir, par l'abondance de la grâce divine, il criait à haute voix. Et il demeura si longtemps en cet état qu'il fut l'heure de dire la messe ; aussi il alla revêtir les ornements et alla à l'autel. Et commençant la messe, plus il avançait, plus croissait en lui l'amour du Christ et cette ferveur de dévotion, avec laquelle il lui était donné un sentiment ineffable de Dieu, qu'il ne savait ni ne pouvait exprimer lui-même en paroles. Aussi, craignant que cette ferveur et ce sentiment de Dieu ne crûssent tant qu'il lui fallût interrompre la messe, il fut en grande perplexité et ne savait quel parti prendre : ou continuer la messe, ou attendre. Mais parce que, autrefois, semblable événement lui était advenu, et que le Seigneur avait tellement tempéré cette ferveur, qu'il ne lui avait pas fallu interrompre la messe, pensant pouvoir faire ainsi cette fois, il se mit avec grande crainte à continuer la messe. Et parvenant enfin à la préface de Notre-Dame, la divine illumination et la gracieuse suavité de l'amour de Dieu commencèrent à croître tellement en lui, qu'arrivant aux mots : « qui, la veille » (en latin : *qui pridie*), il pouvait à peine supporter tant de suavité et de douceur. Finalement arrivant à l'acte de la consécration, et disant sur l'hostie les paroles de la consécration, il dit la moitié de ces paroles, c'est-à-dire : « Hoc est », « ceci est », et, en aucune façon, il ne pouvait continuer, mais il répétait seulement ces mêmes paroles : « Hoc est ». Et la raison pour laquelle il ne pouvait continuer, c'était parce qu'il sentait et voyait la présence du Christ avec une multitude d'anges, et qu'il ne pouvait supporter sa majesté. Et il voyait que le Christ n'entrait pas dans l'hostie, ou que l'hostie ne se transsubstantiait pas en le corps du Christ, s'il ne proférait pas l'autre moitié des paroles, c'est-à-dire : « *corpus meum* ». Aussi, étant en cette anxiété et ne continuant pas, le gardien et les autres frères et aussi beaucoup de séculiers qui étaient dans l'église à entendre la messe, s'approchèrent près de l'autel ; et ils étaient épouvantés de voir et de considérer les actes de frère Jean, et beaucoup d'entre eux pleuraient de dévotion.

Enfin, après un grand espace de temps, quand il plut à Dieu, frère Jean proféra : « *corpus meum* », à haute voix. Et soudain la forme du pain s'évanouit, et dans l'hostie apparut le Christ béni incarné et glorifié ; et il prouva ainsi l'humilité et la charité qui le firent s'incarner dans la Vierge Marie et qui le font venir chaque jour dans les mains du prêtre quand il consacre l'hostie. Pour cela il fut encore plus élevé en douceur de contemplation. Aussi, lorsqu'il eut élevé l'hostie et le calice consacré, il fut ravi hors de lui-même ; et les sentiments corporels de son âme étant suspendus, son corps tomba en arrière ; et, s'il n'avait été soutenu par le gardien qui se tenait derrière lui, il tombait à terre, à la renverse. Alors, les frères et les séculiers, hommes et femmes, qui étaient dans l'église accoururent et il fut porté comme mort dans la sacristie, car son corps était refroidi comme le corps d'un homme mort, et les doigts des mains étaient contractés si fort qu'ils ne pouvaient qu'avec peine se détendre et se mouvoir. Et ainsi, en cet état, il demeura jusqu'à Tierce, gisant ou évanoui, ou bien ravi ; et c'était l'été.

Et parce que moi, qui fus présent à cela, je désirais beaucoup savoir ce que Dieu avait opéré en lui, aussitôt qu'il fut revenu à lui, j'allai le trouver et je le priai, pour l'amour de Dieu, de me dire toutes choses. Alors, lui, parce qu'il avait grande confiance en moi, me raconta tout dans l'ordre. Et entre autres choses il me dit que, consacrant le corps et le sang de Jésus-Christ, et aussi avant, son cœur était liquide comme une cire très fondue, et que sa chair lui paraissait sans os, de telle façon qu'il ne pouvait presque pas lever ni les bras, ni les mains pour faire le signe de la croix sur l'hostie et sur le calice. Il me dit encore, qu'avant qu'il ne fût ordonné prêtre, il lui avait été révélé par Dieu qu'il devait s'évanouir à la messe ; mais parce qu'il en avait déjà dit beaucoup et que cela ne lui était pas arrivé, il pensait que la révélation n'était pas de Dieu. Et néanmoins, peut-être cinquante jours avant l'Assomption de Notre-Dame, pendant laquelle le susdit événement lui advint, il lui avait encore été révélé par Dieu que cet événement devait lui arriver aux environs de ladite fête de l'Assomption ; mais ensuite il ne se souvenait plus de ladite révélation.

Copyright © 2021 par FV Éditions
Cover Design : Canva.com, FVE
ISBN Ebook : 9791029912030
ISBN Livre broché : 9798717790765
ISBN Livre relié : 9791029912047
Tous Droits Réservés

Également Disponible en version papier,
numérique et livre audio

www.ingramcontent.com/pod-product-compliance
Lightning Source LLC
LaVergne TN
LVHW042244070526
838201LV00088B/19